GOTT ENTDECKEN

Martin Hein

GOTT
ENTDECKEN

Biblische Begegnungen

⊕ EVANGELISCHE VERLAGSANSTALT
Leipzig

Bischof Martin Hein, Dr. theol. habil., Jahrgang 1954, ist seit 2000 Bischof der Evangelischen Kirche von Kurhessen-Waldeck. 2005 ernannte ihn die Universität Kassel zum Honorarprofessor. Seine Schwerpunkte liegen auf dem Gebiet der Ökumene und des interreligiösen Gesprächs: Er ist Mitglied im Zentralausschuss des Weltkirchenrates in Genf und Evangelischer Leiter des Ökumenischen Arbeitskreises Evangelischer und Katholischer Theologen. Ebenso gehört er dem »Runden Tisch der Religionen in Deutschland« sowie dem »European Council of Religious Leaders« an.

Bibliographische Information der Deutschen Nationalbibliothek
Die Deutsche Nationalbibliothek verzeichnet diese Publikation in der Deutschen Nationalbibliographie; detaillierte bibliographische Daten sind im Internet über http://dnb.dnb.de abrufbar.

2., unv. Auflage 2012
© 2011 by Evangelische Verlagsanstalt GmbH · Leipzig
Printed in Germany · H 7435

Das Buch wurde auf alterungsbeständigem Papier gedruckt.

Autorenfoto: medio.tv/Simmen
Gestaltung: FRUEHBEETGRAFIK, Thomas Puschmann · Leipzig
Druck und Bindung: Druckhaus Köthen GmbH

ISBN 978-3-374-02874-0
www.eva-leipzig.de

Inhalt

Anstelle eines Vorworts
Narrare humanum est
Psalm 78,2-4

Erzählen ist menschlich. Und Erzählen macht menschlich.
Erzählen benötigt Zeit. Und Erzählen überwindet Zeit. Erzählen braucht Gemeinschaft. Und Erzählen schafft Gemeinschaft.

Übers Erzählen nachdenken – kann man das überhaupt?
Ich will es versuchen, obwohl es schöner wäre, einfach zu erzählen. Denn eigentlich erschließt sich der Sinn des Erzählens nicht *über*, sondern *durch* Erzählen. Darin ist das Erzählen dem Beten ganz ähnlich. In Psalm 78 heißt es:

02 Ich will meinen Mund auftun zu einem Spruch und Geschichten verkünden aus alter Zeit.

03 Was wir gehört haben und wissen und unsre Väter uns erzählt haben, das wollen wir nicht verschweigen ihren Kindern;

04 wir verkündigen dem kommenden Geschlecht den Ruhm des Herrn und seine Macht und seine Wunder, die er getan hat.

Die alten Worte der Bibel entschlüsseln den Sinn des Erzählens: Lebensdienliche Erfahrungen älterer Generationen, ihr lebenspraktisches Wissen, wie das Zusammenleben gefördert werden kann und gelingt, sollen bewahrt und um dieses Gehaltes willen der nächsten Generation weitergegeben werden, damit diese vor selbstzerstörerischen Experimenten und Katastrophen behütet bleibt. So kunstvoll wurde schon vor mehr als zweieinhalbtausend Jahren über die Bedeutung des Erzählens für eine menschliche Gemeinschaft nachgedacht!

Erzählen gehört wahrscheinlich zu den ältesten kulturellen Formen. Vor aller medialen Archivierung hatten Menschen nichts anderes als ihre *Erinnerung,* um von vergangenen Ereignissen, und ihre *Phantasie,* um von künftigen Dingen zu erzählen. Generationen kamen zusammen, um zu erzählen. So verging die Zeit – und wurde doch zugleich aufbewahrt.

Dabei wird man gewiss zu unterscheiden haben zwischen dem, was von den Freuden und Lasten des Alltags aktuell zu bereden war und darum auch bald wieder in Vergessenheit geriet, und den Geschichten, die sich als erinnernswert erwiesen: die Lebensgeschichten einzelner Menschen, Familiengeschichten oder Geschichten der Sippe, des Stammes oder des eigenen Volkes.

Solche Geschichten entwickelten sich im Vorgang des Erzählens als lebendige Tradition weiter zu zusammenhängenden Kompositionen, die meist von einem Protagonisten, von einem oder mehreren Ahnvätern und -müttern berichten und allmählich erst ein Ganzes bilden. Sie zielen weniger auf Informationsaustausch oder auf Verstand und Wissensvermittlung als vielmehr auf eine emotionale Beteiligung der Hörenden, sind auf zustimmendes oder ablehnendes Mitfühlen und spannendes Miterleben ausgerichtet. Erst in zweiter Linie setzt eine intellektuelle Verarbeitung ein.

Geschichten zu erzählen ist darum mehr als Unterhaltung und Zeitvertreib. Es befriedigt ein Grundbedürfnis menschlicher Existenz: Ich will zumindest ahnen können, wer ich bin und wozu ich lebe, woran ich mich im Leben und Sterben halte, und wohin ich gehe, wenn dieses Leben zu Ende geht. Von den Erfahrungen der Vorfahren will ich Nutzen haben, um mein Leben zu meistern. Der Schatz der Erzählungen sagt: Andere haben vor mir gelebt und werden nach mir leben. Ich muss das Leben nicht erst erfinden!

Woher ich komme und wer ich in meiner unvertretbaren Existenz bin, das erfahre ich also zunächst durch Erzählen. Ich bin der, bei dessen Geburt diese oder jene Umstände herrschten oder das eine oder andere Ereignis bedeutend war. Niemand lebt für sich. Wir sind eingebettet in Geschichte und Geschichten: Durch die Erzählungen meiner Eltern weiß ich, welches meine ersten Worte waren und was ich liebte oder wovor ich Angst hatte. Die Zeit vor meinem eigenen geschichtlichen Bewusstsein lebt in mir aus dem Betrachten von Fotografien und – weil Bilder nie allein aussagefähig sind – aus dem Erzählen der Geschichten, die im Bild geronnen sind.

So konstituiert sich der Anfang einer Lebensgeschichte in den oft wiederholten Worten, bevor die eigene Geschichte selbst in den Blick genommen oder gar gestaltet werden kann. Eine ganz andere Frage ist, ob diese Erzählungen tatsächlich die Wirklichkeit korrekt beschreiben. Das muss so nicht sein, und dennoch werden diese Erzählungen ihre Wirkung entfalten: Ich werde durch sie ich selbst!

Solche Geschichten tragen entscheidend zur Identitätsbildung bei, indem sie uns Merkmale, Eigenheiten, Zusammenhänge, Umstände zuschreiben, die uns von anderen abheben. In ihnen vergewissern wir uns unserer Herkunft und können darin auch Zukunft entwerfen.

Diese elementare Einsicht lässt sich in gleicher Weise überindividuell auf Gemeinschaften übertragen – seien es Paare, Familien, Sippen oder ein ganzes Volk. So entstehen die eigenen, immer wieder bei Gelegenheit wiederholten *Ursprungsgeschichten:* wie zum Beispiel zwei Menschen zusammengekommen sind, sich kennen und lieben gelernt und den gemeinsamen Lebensweg begonnen haben. Diese Geschichte wird bei den verschiedensten Anlässen im Lauf des Lebens wieder und wieder erzählt. Sie verfestigt sich zunehmend und bietet damit Halt in der Rückbindung an den Anfang.

Aber es gibt nicht nur Ursprungserzählungen. Das Leben geht weiter. Und wie man durch Treue oder Geschick, List oder Gemeinschaftssinn, Kraft oder Beharrlichkeit eine Beziehung erhält und die in ihr geltenden Werte verteidigt, erzählen die *Bewährungsgeschichten,* die als gemeinsamer Schatz gehütet und weitergegeben werden. Die Bibel ist voll von diesen Erzählungen, in denen sich Menschen nicht nur ihres Ursprungs, sondern auch ihres bleibenden Zusammenhangs vergewissern, der gerade deshalb nicht unter den jeweiligen Belastungen zerreißt.

Und schließlich: Wohin die Reise gehen soll – die Erwartungen vom Glück und seiner Erfüllung, die Sehnsucht nach Unabhängigkeit und Freiheit –, all das formulieren die *Hoffnungsgeschichten.* In ihnen findet sich ein Überschuss an Leben, der die unmittelbar erfahrene und erfahrbare Wirklichkeit transzendiert. Diese Geschichten verleihen unserem Leben die notwendige Spannung. Wir sind noch nicht fertig, noch nicht am Ende. Oder um es in den Worten des 1. Johannesbriefs (3,2) zu sagen: »Es ist noch nicht offenbar geworden, was wir sein werden.«

Doch wir begegnen ja nicht nur unserer individuellen Geschichte oder der Geschichte der Gemeinschaft, in der wir leben. Erzählen weitet überhaupt unsere Lebensmöglichkeiten: Durch das Hören von Erzählungen erfahren wir von Lebensentwürfen und Rollenangeboten, die wir erproben können, indem wir uns etwa in einen der Protagonisten der Story hineinversetzen. Man kann sich mit dem Helden identifizieren, der sogar ein tragischer Held sein mag, ohne sich der Gefahr auszusetzen, umzukommen. Im Hören und Verarbeiten von Geschichten antizipieren wir Situationen, die erst viel später im Leben auf uns zukommen. Auf diese Weise verbreitert sich unmerklich das eigene Verhaltensrepertoire und eröffnet zusätzliche Handlungsalternativen. Grundwidersprüche des Lebens, Trauer und Freude, Angst und Befreiung, Bosheit und Güte, Glück und Unglück, Triumph und Untergang können durchlitten und in einer eigenständigen Weise angeeignet werden. So werden Kinder und junge Menschen, aber auch Erwachsene ermutigt, sich dem Leben mit seinen unabsehbaren Wendungen im Vertrauen auf die bewährten Lebenserfahrungen anderer zu stellen.

Ursprungsgeschichten, Bewährungsgeschichten, Hoffnungsgeschichten – alledem begegnen wir in überreicher Fülle gerade in den Überlieferungen der Religionen. Ohne die große Kunst des Erzählens wäre auch die Bibel nie zu dem geworden, was sie ist. Das Alte Testament bietet vor allem Geschichten, die sich auf Ursprung und Bewährung eines ganzen Volkes und seiner Erwählung beziehen. Daneben gibt es Erzählungen, die bis heute für Einzelne bedeutsam werden können. Das Neue Testament erzählt die Geschichte des Heils Gottes weiter – und in seinem Zentrum steht die Gestalt Jesu Christi, dessen Botschaft davon lebte, dass er vom Reich Gottes nicht dozierte, sondern erzählte: von den Lilien auf dem Feld, von dem Scherflein der Witwe, vom armen Lazarus, vom barmherzigen Samariter, vom verlorenen Sohn. Ein wahrer Meistererzähler war er, der seine Zuhörer das eine um das andere Mal mit seinen Gleichnissen und Geschichten in den Bann zog. Diese Faszination spüren wir ihnen noch heute ab, obwohl sie längst Text geworden sind.

Die Erzählungen der Bibel spiegeln vielfach ein anderes Lebensgefühl als das heutige. So gibt es in ihnen aufs Ganze gesehen – und Ausnahmen bestätigen die Regel – viel weniger »action«, weniger hin und her wogende Handlung. Die Helden der Bibel sind nicht unbedingt immer Siegertypen. Dass sie am Ende ihre Herausforderungen bestehen, liegt daran, dass sie beten und sich auf Gott verlassen, dass sie Dinge ertragen und erdulden, dass sie gehorsam sind oder demütig ihre Schuld eingestehen. Natürlich gibt es auch erfolgreiche Eroberer, kluge Kriegshelden und starke Frauen. Aber biblische Erzählungen lassen uns einen höchst realistischen Blick auf das Leben werfen, sodass wir nicht diese einseitig allseits positiven Siegertypen untergeschoben bekommen, die vielleicht gut geeignet sind, mangelnde Selbstwertgefühle zu übertünchen, aber für eine wirkliche Lebensbewältigung kaum etwas austragen.

Die bewahrenswerte Lebenserfahrung biblischer Protagonisten liegt in ihrer Beziehung zu Gott, in ihrem Leben aus dem Vertrauen zu dem, der sie ins Leben gerufen hat. Das klingt nicht unbedingt spektakulär, steht vielleicht auch quer zu den heutigen Lese- und Hörgewohnheiten und zeigt seine Kraft dennoch darin, dass es durch Niederlagen und Rückschläge hindurch trägt.

Wegen dieses heilsamen Erzählzusammenhangs, in den wir hinein verwoben sind, ist die Kirche da! Ihm verdankt sie sich, aber für ihn steht sie auch ein. Es ist gut, biblische

Geschichten nicht nur zu lesen, sondern immer wieder zu erzählen, im Gottesdienst und Religionsunterricht, im Kindergarten und in der Familie, im Bibelkreis und vor den Konfirmandinnen und Konfirmanden. Freilich braucht es dazu Menschen, die sich die wunderbare Gabe des Erzählens neu aneignen. Möglich ist das. Erzählen kann gelernt werden! Aber es braucht Geduld. Unsere Ohren sind nicht mehr auf lange Sequenzen eingestellt, sondern abgestellt auf das Staccato der Töne und Wortfetzen, mit dem heutzutage die raschen Bilderfolgen akustisch unterlegt werden.

Erzählen öffnet demgegenüber ein *inneres Reich* und lädt zum Verweilen ein. Darum braucht es Authentizität. Wer die Heilsgeschichte Gottes von ihren Ursprüngen bis zur verheißenen Vollendung, die große »Story« also, in kleinen Geschichten Gestalt werden lässt, deutet Wege an, wie die Glaubenshaltungen biblischer Vorbilder in die tägliche Lebensführung »heruntergebrochen« werden können, ohne dass dies als einengend oder bevormundend erlebt würde. Erzählen lässt stets Freiheit, sich selbst dazu zu verhalten. Darin liegt seine große Chance in einem Zeitalter, das auf alles und auf alle Zugriff gewinnen will. Und darum entdecken wir in der Kirche neu die Bedeutung, die in der erzählenden Begegnung mit Ursprung, Bewährung und Hoffnung unseres Glaubens steckt.

Ich wünschte mir, wir würden als Kirche wieder sprachfähiger in der Kunst des Erzählens. Immer waren wir doch Erzählgemeinschaft.

Denn: Erzählen ist menschlich. Und Erzählen macht menschlich. Erzählen benötigt Zeit. Und Erzählen überwindet Zeit. Erzählen braucht Gemeinschaft. Und Erzählen schafft Gemeinschaft.

Schöpfung

1. Mose 1,26-2,3

Im Grunde sind es stets die gleichen Fragen, die uns Menschen bestimmen. Man glaube doch nicht, erst *wir* hätten die großen Themen von »Welt« und »Menschheit« auf die Tagesordnung gesetzt! Aus heutiger Perspektive heraus mögen sie uns besonders drängend erscheinen: Wir fragen danach, wie diese Welt angesichts der fortschreitenden Gefährdung ihrer Lebensgrundlagen bewahrt werden kann. Oder wir streiten darüber, was wir meinen, wenn wir von »menschlichem Leben« sprechen: Wann beginnt es, und wer bestimmt über sein Ende? Doch neu sind diese Themen keineswegs. Und ob wir, trotz aller hoch spezialisierten naturwissenschaftlichen Erkenntnisse und technologischen Anwendungsmöglichkeiten, in den Antworten wirklich weiter sind als Menschen früherer Jahrhunderte, wage ich zu bezweifeln.

Schon der erste Schöpfungsbericht am Anfang der Bibel versucht auf jene urmenschlichen Fragen zu antworten, woher unsere Welt kommt und wem wir unser Leben verdanken. Freilich müssen wir beachten: Der Bericht über die Schöpfung kann und will keine Augenzeugenschilderung sein. Niemand war dabei, als die Welt entstand! Dass wir von »Schöpfung« sprechen und diese auf Gott selbst – und auf Gott allein! – zurückführen, ist Interpretation, ist eine vom Glauben her geleitete Deutung. Man kann die Welt auch anders sehen – und uns Menschen in dieser Welt ebenso:

nämlich als Produkt einer zufälligen Entwicklung. Aber auch das ist Deutung! Wie es in einem ganz präzisen Sinn »wirklich« war, kann keiner allgemeingültig sagen. Insofern stehen die biblischen Interpretationsversuche den sogenannten wissenschaftlichen in nichts nach. Die biblische Sprache und die damit verbundenen Vorstellungen mögen angesichts des naturwissenschaftlich und technisch ausgerichteten Zugangs zu unserer Wirklichkeit fremd klingen, und dennoch glaube ich, dass die Begegnung mit einem Deutungsversuch, der immerhin schon zweieinhalb Jahrtausende zurückliegt, höchst bedeutsame Erkenntnisse über »Welt« und »Mensch« vermittelt.

»Am Anfang schuf Gott Himmel und Erde«, lauten die ersten Worte der Bibel (1. Mose 1,1). Sie verstehen sich nicht von selbst! Bevor es zu diesem *einen* Satz kommen konnte, war ein langer Erkenntnisweg zurückzulegen. Am Anfang menschlicher Einsicht, dass die Welt »Schöpfung« sei, stand nicht nur die Verwunderung darüber, wie alles Leben miteinander und ineinander verwoben ist, sondern stand die Erfahrung, dass Gott im Leben von Menschen handelt. Im Volk Israel machte sich dies an konkreten Ereignissen fest und blieb stets erinnerbar: der Auszug aus Ägypten, der Weg durch die Wüste mit der Offenbarung des Gesetzes, der Einzug in das verheißene Land – all dies wurde als Eingreifen Gottes mitten in der menschlichen Wirklichkeit erlebt und entsprechend gedeutet. Irgendwann musste sich fast zwangsläufig die Frage aufdrängen: In welcher Beziehung steht dieses geschichtsmächtige Handeln unseres Gottes eigentlich zu der Welt, in der wir leben und die uns umgibt? Ist sie der Einflussnahme Gottes entzogen, sodass er eher wie ein Stammes- oder Volksgott mit anderen Stammes- oder Volksgöttern hier auf Erden konkurriert, oder lässt es sich denken, dass der Gott Israels zugleich Ursprung der ganzen Welt sei? Die Kühnheit gerade des ersten Schöpfungsberichtes in der Bibel besteht darin, vom geschichtlich erfahrenen Wirken Gottes an seinem Volk auf seine prinzipielle Allmacht zu schließen – und damit zu der Glaubensaussage zu kommen, dass diese Welt sich nicht selbst verdankt, sondern dass sie von Gott erschaffen, dass sie also »Schöpfung« ist. Der erste Bericht gründet – wohlverstanden – in einem »maßlosen« Glauben: Gottes Handeln ist nicht auf die Begleitung und Bewahrung allein seines erwählten Volkes beschränkt, sondern unbegrenzt – was die Mächtigkeit ebenso wie die Reichweite dieses Handelns betrifft. Gott steht ursächlich auch zu dem in Beziehung, was »vor aller Zeit« war.

Die Deutung der Welt als Gottes Schöpfung kann sich verschiedener Bilder bedienen:

- Sie kann die Erschaffung als Drama darstellen, als Kampf zwischen Gott und den Chaosmächten, die überwunden werden.

- Sie kann eine mythische Erzählung in den Mittelpunkt rücken, wie das etwa der zweite, viel ältere biblische Schöpfungsbericht tut, der alles in sehr menschlichen Vorstellungsweisen schildert: Gott ist hier als Töpfer und Gärtner am Werk, formt den ersten Menschen aus Ton und setzt ihn, nachdem er ihm den Lebensodem eingehaucht hat, in einen schönen Garten (1. Mose 2,4b–17).

- Sie kann aber auch versuchen, die Vorstellung von der Erschaffung der Welt möglichst reflektiert darzustellen. So tut es der erste Schöpfungsbericht in der Bibel, der nach allgemeiner Überzeugung gebildeten Priesterkreisen in Israel entstammt und den Auftakt der sogenannten »Priesterschrift« bildet: Er entfaltet, wie es zur Welt und zum Menschen gekommen sei, in einer für damalige Verhältnisse äußerst wissenschaftlichen Präzision. Nicht nur, dass die Schöpfung selbst kein Zufall ist – auch der Bericht darüber überlässt nichts dem Zufall. Er will sich in das göttliche Handeln und eine diesem zugrunde liegende göttliche Ordnung hineindenken. Alles wird dementsprechend genauestens systematisiert.

Für mich ist solch ein Ansatz ein Musterbeispiel dafür, dass sich Religion auch in wissenschaftlicher Sprache auszudrücken weiß und damit – wie wir modern sagen würden – im Zusammenhang der Wissenschaften diskursfähig ist. Unser Schöpfungsbericht ist – so gesehen – reinste Theologie! Der Preis freilich besteht darin, dass der Schilderung eine gewisse Sprödigkeit anhaftet. Man kann sich den Kreis derer, die hinter diesem Bericht stehen, »nicht anders als mit einem lebenserfahrenen, klugen, aber auch etwas kühlen Gesicht vorstellen« (Otto Kaiser). Alles Spektakuläre fehlt, obwohl es sich eigentlich um das Spektakulärste handelt, das man sich überhaupt denken kann: den Anfang der Welt vor aller Zeit. Doch dafür gibt es den Willen zu umso mehr Klarheit: »Es werde Licht« (1. Mose 1,3). Das gilt auch vom Wissen!

In der mir vertrauten und liebgewordenen Übersetzung von Martin Luther lesen wir (1. Mose 1,26-2,3):

26 *Und Gott sprach: Lasset uns Menschen machen, ein Bild, das uns gleich sei, die da herrschen über die Fische im Meer und über die Vögel unter dem Himmel und über das Vieh und über alle Tiere des Feldes und über alles Gewürm, das auf Erden kriecht.*

27 *Und Gott schuf den Menschen zu seinem Bilde, zum Bilde Gottes schuf er ihn; und schuf sie als Mann und Frau.*

28 Und Gott segnete sie und sprach zu ihnen: Seid fruchtbar und
mehret euch und füllet die Erde und machet sie euch untertan
und herrschet über die Fische im Meer und über die Vögel
unter dem Himmel und über das Vieh und über alles Getier,
das auf Erden kriecht.

29 Und Gott sprach: Seht da, ich habe euch gegeben alle Pflan-
zen, die Samen bringen, auf der ganzen Erde, und alle Bäume
mit Früchten, die Samen bringen, zu eurer Speise.

30 Aber allen Tieren auf Erden und allen Vögeln unter dem
Himmel und allem Gewürm, das auf Erden lebt, habe ich
alles grüne Kraut zur Nahrung gegeben. Und es geschah so.

31 Und Gott sah an alles, was er gemacht hatte, und siehe, es war
sehr gut. Da ward aus Abend und Morgen der sechste Tag.

01 So wurden vollendet Himmel und Erde mit ihrem ganzen
Heer.

02 Und so vollendete Gott am siebenten Tage seine Werke, die er
machte, und ruhte am siebenten Tage von allen seinen Werken,
die er gemacht hatte.

03 Und Gott segnete den siebenten Tag und heiligte ihn, weil er
an ihm ruhte von allen seinen Werken, die Gott geschaffen
und gemacht hatte.

Mit der Erschaffung des Lichts und der Trennung zwischen
Licht und Finsternis hatte die Schöpfung begonnen. So ist
es die priesterliche Auffassung. Licht und Finsternis, Tag und
Nacht markieren die Zeit. Von jetzt an ist der Rhythmus von
Tagen, Wochen, Monaten und Jahren denkbar. Drei weitere
Tage lang bereitet Gott die Voraussetzungen, damit Leben auf
der Erde möglich wird. Auch das Schaffen Gottes gewinnt
durch die Wocheneinteilung sein Maß.

Inzwischen aber befinden wir uns schon mitten im Geschehen des sechsten Schöpfungstages. Es wäre ein Irrtum zu meinen, am Ende der Arbeitswoche und gleichsam als sein alleiniger Höhepunkt wäre nun ausschließlich die Erschaffung des Menschen an der Reihe. Den Verfassern des Berichtes ist vielmehr wichtig, dass der letzte Tag der Arbeitswoche zunächst damit beginnt, die Vielfalt in der Tierwelt noch zu erweitern, deren Fülle schon am fünften Tag ausgebreitet wurde. Auf die verschiedenen Tiergattungen im Wasser und am Himmel folgen nun die Landtiere: »Vieh, Gewürm und Tiere des Feldes, ein jedes nach seiner Art.« (1. Mose 1,24) Sie werden sich mit dem Menschen nicht nur den sechsten Schöpfungstag teilen, sondern auch den zugewiesenen Lebensbereich. Nun ist die Erde besiedelt – alles genau und schön nach Ordnung.

Just an dieser Stelle setzt unser Abschnitt ein. Wie eine feierliche Selbstentschließung Gottes klingt es, wie eine Selbstaufforderung, nun noch das Entscheidende zu tun: die Erschaffung des Menschen gleichsam in Gottes Gestalt. Natürlich musste nach der Erfahrung wie nach der Logik damaliger Zeit der Mensch am Schluss kommen. Dass diese Reihenfolge den späteren Einsichten in die Entwicklungsgeschichte des Lebens auf dieser Erde entspricht, konnten die priesterlichen Gelehrten noch nicht ahnen. Für sie war mit der Erschaffung des Menschen zugleich das Ziel der Schöpfung verbunden: ganz zuletzt der Mensch, ganz nahe bei Gott.

Was Gott will, kommt zur Ausführung: »Gott schuf den Menschen zu seinem Bilde, zum Bilde Gottes schuf er ihn; und schuf sie als Mann und Frau.« Kaum ein Satz des ersten Schöpfungsberichtes wurde im Lauf der Jahrhunderte intensiver bedacht und auf alle Nuancen abgeklopft. Er ist zu einer Grundaussage biblischer Lehre vom Menschen überhaupt geworden: Erschaffen wird der Mensch – wie alles andere auch –, und unterscheidet sich darin zunächst überhaupt nicht etwa von den Tieren.

Allein dreimal wird in ganz kurzen Sätzen unterstrichen, dass unser Ursprung als Menschen in Gottes souveränem Schöpferhandeln gründet: »Gott schuf.« »Er hat uns gemacht und nicht wir selbst«, heißt es deshalb in weiser Entsprechung dazu in Ps 100,3. Aber nur vom Menschen ist gesagt, er sei das »Abbild« Gottes. Worin sich diese Ebenbildlichkeit, wie wir uns zu sagen angewöhnt haben, konkret ausdrückt, müssen wir an anderer Stelle weiter bedenken. Hier, in diesem zentralen Vers, ist sie zunächst schlicht und einfach als entscheidende Besonderheit des Menschen gegenüber allen anderen Geschöpfen konstatiert.

Und noch etwas müssen wir beachten: Der Mensch, so sagen es die gelehrten Priester, ist von Anfang an geschaffen »als Mann und Frau«. Also keine Herleitung der Frau aus der Rippe des Adam wie im älteren Schöpfungsbericht (1. Mose 2,21-22), woraus in einer unsäglichen Deutungtradition die Nachrangigkeit der Frau gegenüber dem Mann konstruiert werden konnte, sondern die prinzipielle Gleichrangigkeit der Geschlechter: Den Menschen gibt es nur als Mann und Frau, ja vielleicht gibt es nicht einmal »den« Menschen, sondern es gibt ihn ausschließlich in der geschlechtlichen Unterscheidung. Der männliche Blick und die männliche Sprache lassen »den« Menschen oft als Mann erscheinen. Auf 1. Mose 1,27 kann sich solch eine Haltung nicht berufen. Im Gegenteil! Der erste Schöpfungsbericht in der Bibel sieht stets *beide*: Mann und Frau gemeinsam als Abbild Gottes.

Dem entspricht es, dass von Vers 28 an nur noch der Plural verwendet wird:»Und Gott segnete *sie* und sprach zu *ihnen*.« Was jetzt folgt, gilt Mann *und* Frau in ihrer Eigenständigkeit wie in ihrer Beziehung zueinander.

»Ihr sollt ein Segen sein« – gleichsam mit dem Motto des 1. Ökumenischen Kirchentages 2003 in Berlin werden sie ausgestattet. Auf die göttliche Erschaffung folgt die göttliche Segnung. Nicht erst hier ist im ersten Schöpfungsbericht vom Segen die Rede, so als gelte er nur dem Menschen als Mann und Frau. Schon von den Tieren im Wasser und den Vögeln unter dem Himmel heißt es, dass Gott sie segnete – in den gleichen Worten, mit denen auch der Segen für die Menschen beginnt:»Seid fruchtbar und mehret euch und erfüllet das Wasser im Meer, und die Vögel sollen sich mehren auf Erden.« (1. Mose 1,22)

Wie bei den Tieren verwirklicht sich Gottes Segen über Mann und Frau vor allem in Fruchtbarkeit und Vermehrung. Mit anderen Worten: Dass Leben nicht nur entstanden ist, sondern nun auch weitergegeben werden kann, gründet allein in Gottes gnädiger Zuwendung. Aber auch alles, was Vers 28 an einzelnen Beauftragungen an die Menschen im Besonderen aufzählt, steht unter dem Vorzeichen und der Vorgabe des göttlichen Segens. Er bildet gewissermaßen den Rahmen, in dem sich menschliches Tun dem Willen Gottes gemäß vollzieht. Das nimmt dem harten Wort vom »Untertan-Machen« der Erde und von der »Herrschaft« des Menschen über die Tierwelt seine Hemmungslosigkeit. Wie oft hat man den Auftrag zur Weltbeherrschung, zum »dominium terrae«, als einen Freibrief zu schrankenloser Ausbeutung der Natur missdeutet! Als könnte es dem Schöpfer daran gelegen sein, seine Schöpfung zur absoluten Verfügungsmasse des

Menschen werden zu lassen! Weit gefehlt, sagt der erste Schöpfungsbericht: Indem all unser Tun unter Gottes Segen steht, gewinnt es hierin seine entscheidende Kraft und Ausrichtung. Den Auftrag zur Weltherrschaft gibt es eben nicht abgesehen und losgelöst vom Auftraggeber. Und der will, dass wir in seinem Sinne handeln. Dazu sind wir geschaffen. Dazu segnet er uns Menschen.

Was nun nach der inneren Ordnung folgt, ist die Beschreibung des Lebensraums für Menschen wie für Tiere. Wovon sollen sie leben? Der erste Schöpfungsbericht denkt in den Versen 29 und 30 eindeutig vegetarisch. Es herrschen sozusagen noch paradiesische Zustände: Mit den Tieren versammeln wir uns am gleichen Tisch, der für alle reichlich gedeckt ist. Noch ist keine Rede von der Selbstzerfleischung der Tierwelt, von Raubtieren etwa, die Schafe reißen, aber auch nicht von der Schlachtung von Tieren – sei es, um ihr Fleisch zu essen oder es Gott zu opfern. Noch gilt uneingeschränkt, was der Prophet Jesaja erst wieder für die kommende Heilszeit ankündigt: »Da werden die Wölfe bei den Lämmern wohnen und die Panther bei den Böcken lagern. Ein kleiner Knabe wird Kälber und junge Löwen und Mastvieh miteinander treiben. Kühe und Bären werden zusammen weiden, dass ihre Jungen beieinander liegen, und Löwen werden Stroh fressen wie die Rinder.« (Jes 11,6–7) Aber die gelehrten Verfasser unseres Schöpfungsberichts geben sich keiner Illusion hin: Dieses Idyll gab es nur am Anfang. Am Ende der Sintfluterzählung heißt es in 1. Mose 9,1–3: »Und Gott segnete Noah und seine Söhne und sprach: Seid fruchtbar und mehret euch und füllet die Erde.« Bis hierher unterscheidet sich nichts vom Segen Gottes über die ersten Menschen. Doch dann kommt es knüppeldick: »Furcht und

Schrecken vor euch sei über allen Tieren auf Erden und über allen Vögeln unter dem Himmel, über allem, was auf dem Erdboden wimmelt, und über allen Fischen im Meer; in eure Hände seien sie gegeben. Alles, was sich regt und lebt, das sei eure Speise; wie das grüne Kraut habe ich's euch alles gegeben.« Die Gemeinschaft der Kreatur am gemeinsamen Tisch ist zerbrochen. Nach der Sintflut gilt trotz des Zeichens des Regenbogens das Gesetz des Stärkeren – und das sind wir Menschen.

Doch kehren wir zurück an den besonnten paradiesischen Anfang! Jetzt erst, nachdem allen Lebewesen die Lebensgrundlagen zugewiesen sind, ist der sechste Schöpfungstag abgeschlossen. Wieder, ein letztes Mal, tritt der Schöpfer – bildlich gesprochen – einige Schritte zurück, um einem Künstler gleich sein Werk zu betrachten. Lautete bisher an jedem Abend das Resümee: »Und Gott sah, dass es gut war«, so verstärkt sich dies am letzten Schöpfungsabend noch: »Und siehe, es war *sehr* gut.« Nichts ist zu verbessern. Dieses Urteil ist nicht allein auf das »Ergebnis« des sechsten Tages zu beziehen, sondern es gilt dem ganzen Schöpfungswerk. Es ist beendet – und es ist, so können wir sagen, unverbesserlich, es ist »vollkommen«: Alles hat seine gute Ordnung. Alles hat seine unendliche Schönheit. Statt Tohuwabohu, statt Chaos nun Kosmos – Ordnung und Schönheit zugleich.

Und dennoch: Mag auch die Erschaffung von Himmel und Erde und allem, was hier lebt, abgeschlossen sein – noch steht die eigentliche Vollendung der Schöpfung aus. Sie ereignet sich am siebten Tag – und zwar nicht durch ein weiteres Schöpfungshandeln, sondern durch das genaue Gegenteil davon. Am siebten Tag der Schöpfung gibt es keine Schöpfung, sondern nur Ruhe, Enthaltung jeglichen eigenen

Tuns. Dafür gibt es etwas anderes: nochmals einen Segen – einen Segen über diesem letzten Tag. Er ist die eigentliche Krone der Schöpfung, obwohl er selbst gar nicht erschaffen ist. Der Tag der Ruhe »ergibt« sich!

Natürlich war den priesterlichen Verfassern daran gelegen, das strenge Ruhegebot für den Sabbat, ja den Sabbat selbst in Gott hinein zu verlegen. Sie nahmen dafür naheliegende Rückfragen durchaus in Kauf: Sollte sich Gott in seinem Schöpferhandeln etwa so sehr verausgabt haben, dass er einen Tag Pause brauchte? Das würde wenig mit der Vorstellung von seiner Allmacht übereinstimmen. Und was passierte mit der Welt, wäre Gott nicht ständig in ihr tätig? Das wäre wenig mit der Vorstellung von seiner Allwirksamkeit in Einklang zu bringen.

Darüber macht sich der erste Schöpfungsbericht keine Gedanken: Er belässt es bei Gottes unhinterfragbarer Souveränität. Gott heiligt den letzten Schöpfungstag. Punkt. Auch die menschliche Ruhe, nicht nur die menschliche Arbeit steht unter seinem Segen.

Das also ist der eigentliche Höhepunkt des ersten Schöpfungsberichtes: der siebte Tag als gesegneter Tag, nicht nur einmal, sondern immer wieder – bis ans Ende aller Zeit. Eindrücklich hat der Kirchenvater Augustin im 13. Buch seiner »Bekenntnisse« entfaltet (XIII, 36f.), was es mit diesem Tag der Ruhe und des Segens auf sich hat: »Der ›siebte Tag‹ ist ohne Abend, und er hat keinen Untergang, weil du ihn ›geheiligt‹ hast zu ewiger Dauer [...] Am Sabbat des ewigen Lebens werden wir ruhen in Dir. Dann nämlich wirst auch du so in uns ruhen, wie du jetzt in uns wirkst, und jene Ruhe wird dein Ruhen durch uns sein, wie die Werke der Zeit dein Wirken durch uns sind.«

Nach diesem ebenso grandiosen wie fast minutiösen Panorama biblischer Weltdeutung bleibt die Frage, wie die Glaubenseinsichten, die der erste Schöpfungsbericht zu vermitteln sucht, in den gegenwärtigen gesellschaftlichen Diskussionen fruchtbar gemacht werden können. Auf drei Aspekte will ich im Einzelnen eingehen, wobei der erste nach meiner Einschätzung das größte Gewicht besitzt.

I. Gottebenbildlichkeit und Menschenwürde

Das Bekenntnis, Gott sei der Schöpfer allen Lebens, ist eine Grundaussage des christlichen Glaubens. Wir verstehen heute diesen Gedanken überhaupt nicht als Gegensatz zu dem, was die Biologie über das Werden des Lebens, die Entwicklung der verschiedenen Arten und die Abstammung des Menschen erforscht hat. Aber die Entstehung von Leben bleibt trotz allem ein Wunder, ein Akt der liebenden Zuwendung Gottes zu dieser Welt. Wir begreifen es als ein Geschenk, das unserer Herrschaft weitgehend entzogen ist. Deshalb ist auch am Lebensende menschlicher Verfügung eine Grenze gesetzt.

Der erste Schöpfungsbericht nennt den Menschen *Ebenbild Gottes*. Was könnte damit heute ausgesagt werden? Der Begriff bietet zunächst die Möglichkeit, die besondere Stellung des Menschen in der Schöpfung aus seiner Nähe und Beziehung zu Gott zu betonen: Wir sind gewissermaßen sichtbare Stellvertreterinnen und Stellvertreter Gottes in dieser Welt. Wir handeln also nicht autonom, sondern Gott als unserem Gegenüber verantwortlich.

Aus dem Gedanken der Ebenbildlichkeit leiten sich zugleich für jeden einzelnen Menschen seine unverlierbare

Würde und sein Lebensrecht ab. Weitere Maßstäbe, den »Wert« von menschlichem Leben beurteilen zu wollen, lehnt der christliche Glaube ab. Eine Unterscheidung von wertvollem und weniger wertvollem, gar »unwertem« Leben ist nicht möglich. Weder besondere Leistungen noch Fähigkeiten, weder äußere Merkmale noch Charaktereigenschaften fügen der mit dem Menschsein gegebenen Menschenwürde etwas hinzu oder nehmen etwas weg. Jeder einzelnen Phase menschlichen Lebens kommt nach unserer Überzeugung die gleiche Würde zu. Es gibt nicht Phasen von höherer oder niedrigerer Würde, auch wenn das volle menschliche Potential im Embryo noch nicht realisiert ist oder im Alter durch Krankheit oder Behinderung nicht mehr realisiert werden kann.

Gleichzeitig bleibt zu bedenken, dass wir trotz dieser Größe, die Gott uns verleiht, stets *Geschöpfe* bleiben. Wir sind endliche Kreatur, mit Fehlern behaftet, dem Leid und dem Schmerz unterworfen – und sterblich. Dies markiert unsere Grenze. Aber genau in der Spannung von Ebenbildlichkeit und Geschöpflichkeit liegen die großen Chancen unseres Lebens.

In den gegenwärtigen ethischen Diskussionen, wie wir mit menschlichem Leben an seinem Beginn und an seinem Ende umgehen sollen, ist es notwendig, dass wir überzeugend unsere Stimme erheben und die Unverfügbarkeit menschlichen Lebens betonen: Das betrifft die sehr komplexen Fragen des »therapeutischen Klonens« und der Präimplantationsdiagnostik genauso wie die Auseinandersetzungen um die Zulassung der »aktiven Sterbehilfe«.

Um nicht missverstanden zu werden: Der christliche Glaube setzt nicht an die Stelle menschlicher Planung eine fatalistisch anmutende Haltung des bloßen Empfangens. Aber er hilft, Planen und Empfangen einander zuzuordnen. Wir stellen uns damit gegen den totalen, vielleicht sogar totalitären Machbarkeitswahn mancher ideologisch verbohrter Heilspropheten, die einem besinnungslosen Pragmatismus und ökonomischen Rigorismus das Wort reden – und wir haben dafür gute, lebensdienliche Gründe. Der Rückbezug auf den ersten Schöpfungsbericht ist gewiss positionell. Aber auch die anderen, die sich in die gegenwärtigen Fragen einmischen und die öffentliche Meinung zu beeinflussen suchen, haben ihre Interessen. Wir müssen uns nicht scheuen, unsere Glaubens- und Denkvoraussetzungen offenzulegen – und das Gleiche auch von anderen zu fordern. Dann erst wird ein offener Austausch möglich!

II. Schöpfungsgemeinschaft und Verantwortung

Der erste Schöpfungsbericht geht in einer beeindruckenden Weise von der guten Ordnung der Schöpfung aus, in der alles seinen jeweils eigenen Ort besitzt. Die Tatsache, dass diese ganze Ordnung als auf den Menschen hin angelegt interpretiert wird, begründet ein hohes Gefährdungspotential für die Schöpfung. Die Ausbeutung der Natur konnte immer auch mit dem Hinweis auf die besondere Stellung des Menschen legitimiert werden. In den letzten Jahrzehnten ist deutlicher als zuvor in unser Bewusstsein getreten, dass es gemeinsame Grundlagen sind, die uns mit anderen Lebewesen verbinden. Daraus hat sich die Vorstellung einer »Schöpfungsgemeinschaft« entwickelt, die zur Folge hat, dass wir bei allen Entscheidungen stets auch das Wohl der uns umgebenden Welt mitzubedenken haben.

Ich möchte diese »Schöpfungsgemeinschaft« allerdings nicht nur rein innerweltlich verstanden wissen. Indem wir als Christen sehr bewusst von »Schöpfung« reden, denken wir immer schon den Bezug auf den Schöpfer mit. Entscheidungen, die unseren Umgang mit der Schöpfung Gottes betreffen, müssen sich daher auch gegenüber dem Schöpfer des Lebens verantworten – ein Gedanke, der schon bei der »Ebenbildlichkeit« anklang. Wie schwer das im Einzelfall ist, wenn es etwa um den Neubau einer Autobahn geht, weiß ich auch. Doch gerade die Ausrichtung auf Gott hin erfordert von uns eine gewissenhafte Prüfung und Abwägung aller in Betracht kommenden Optionen. Insofern kann es sein, dass kirchliche Stellungnahmen zu entsprechenden konkreten Projekten oft als bremsend aufgefasst werden. Wir gelten dann als »Fortschrittsverhinderer«. Aber die Zügigkeit von Entscheidungen ist kein ethisches Kriterium. Um des gemeinsamen Lebens auf dieser Welt willen ist es heilsam, die religiöse Dimension unserer Rede von der »Schöpfungsgemeinschaft« mitzubedenken. Dies bewirkt eine sehr viel stärkere Nachhaltigkeit, als wir vielleicht meinen.

III. Arbeit und Ruhe

Gerade Orden und geistliche Gemeinschaften wissen seit Benedikt von Nursia und seiner Regel, wie wichtig ein ausgewogener Rhythmus zwischen Kontemplation und handfester Arbeit ist. Indem die Gebete zu den einzelnen Tagzeiten die Gedanken und Gefühle auf Gott ausrichten, sind sie zugleich eine heilsame Unterbrechung allen menschlichen Tuns und eine beständige Erinnerung daran, dass der Sinn unseres Lebens nicht in fortwährender Arbeit besteht.

Gott ruhte, und wir dürfen das auch! Was aber heißt das unter den gegenwärtigen Bedingungen einer globalisierten Ökonomie? Wie steht es mit jenen Millionen Menschen allein in unserem Land, die keine Arbeit haben? Wird ihnen, was ich sage, nicht zynisch vorkommen? Ich habe gut reden: Ich habe Arbeit, und muss mich eher mahnen lassen, die Arbeit nicht zum alleinigen Inhalt des Lebens werden zu lassen. Aber ruhen zu müssen, ohne einen Arbeitsplatz zu besitzen, befriedigt auf Dauer nicht. Und was besagt der Hinweis auf Gottes Ruhe im Blick auf die Bemühungen, Maschinenlaufzeiten, Serviceeinrichtungen oder Call-Center rund um die Uhr in Gang zu halten und den Sonntag unter der Hand zu einem Werktag werden zu lassen? Natürlich wird man mir schnell entgegnen, die Einzelnen würden ja keineswegs weniger arbeitsfreie Zeit haben – nur eben nicht mehr alle gleichzeitig.

Ich denke, wir haben nach beiden Seiten hin die Erkenntnis des ersten Schöpfungsberichts ins Spiel zu bringen: Arbeit ist nicht alles im Leben! Wäre es anders, müssten viele Menschen angesichts der Arbeitslosigkeit schier am Leben verzweifeln. Doch dieser Satz gilt auch jenen, die den Sonntag als gemeinsamen Tag für Gottesdienste und gemeinsame Freizeit untergehen lassen wollen: Arbeit ist nicht alles im Leben!

Ich bin mir darüber im Klaren, dass sich aus der Bibel keine unmittelbaren Patentrezepte ableiten lassen, so schön das auch wäre. Aber zumindest ein Grundgedanke legt sich in diesem Zusammenhang nahe: Es kommt auf ein ausgewogenes Maß zwischen vorhandener Arbeit einerseits und Nichtarbeit andererseits an – individuell wie gesellschaftlich. Um Verteilungsgerechtigkeit geht es also! Alle Ungleichgewichte haben schwerwiegende Folgen für den sozialen Frieden. Dass diese Ausgewogenheit möglich bleibt und kein Privileg einiger weniger wird, ist eine gemeinsame Herausforderung für alle, die an der Gestaltung unseres Wirtschaftslebens beteiligt sind: für die Politik ebenso wie für Arbeitgeber und Gewerkschaften.

Die politische Brisanz, die in allen drei von mir angedeuteten Themen steckt, ist offenkundig. Aber ebenso fundamental sind die Einsichten, auf die uns der erste Schöpfungsbericht stößt und die wir beharrlich zur Sprache zu bringen haben. Lassen wir uns dazu ermutigen! Ich bin davon überzeugt: Sie sind für unsere Gesellschaft ein Segen!

Arbeit

1. Mose 2,4b-15 und 3,17-23

I. Eine Selbstverständlichkeit

Die Welt der Bibel ist eine Welt der Arbeit. Diese Beobachtung ist geradezu banal: Wo sich in den biblischen Büchern das wirkliche menschliche Leben in seiner Geschichte widerspiegelt, muss von Arbeit die Rede sein. Nicht *nur* von Arbeit – Gott sei Dank! –, aber eben auch!

Doch diese Beobachtung ist zugleich bezeichnend: Arbeit erscheint als etwas Selbstverständliches, das schlichtweg zum Menschsein gehört. Arbeit »als solche« oder Arbeit »an sich« ist deshalb kein besonders wichtiges Thema der Bibel. Um nur einige wenige geläufige Beispiele für diese Selbstverständlichkeit zu nennen:

Jesus stammt aus einer Handwerkerfamilie – das wissen wir zur Genüge. Sein Vater war Zimmermann; er selbst hat wohl auch dieses Handwerk erlernt, so wie alle Rabbinen seiner Zeit eine Berufsausbildung hatten. Seine Jünger kamen zumeist aus dem Milieu der einfachen »Werktätigen«.

Die Gleichnisse, die Jesus erzählt, seine Reden und Sprüche spielen oft in der Welt der Arbeit: von Bauern handeln sie, von Hirten und Fischern, Winzern und Kaufleuten, nicht zuletzt von Hausfrauen. Das wird nicht prinzipiell problematisiert, sondern als gegeben vorausgesetzt.

Auch der Apostel Paulus hat entsprechend rabbinischem Brauch ein Handwerk gelernt und ausgeübt: Er war Zeltmacher. Dadurch konnte er sich seinen Lebensunterhalt verdienen und seine materielle Unabhängigkeit gegenüber den Gemeinden bewahren. In dem ersten Brief, der uns von ihm im Neuen Testament überliefert ist, dem 1. Thessalonicherbrief, weist er trotz aller Erwartung, dass Christus bald wiederkomme, die Vorstellung weit von sich, als sei das nun ein Grund zum Nichtstun: »Setzt eure Ehre darein, dass ihr ... das Eure schafft und mit euren eigenen Händen arbeitet, wie wir euch geboten haben, damit ihr ehrbar lebt vor denen, die draußen sind, und auf niemanden angewiesen seid.« (4,11f.) Damit wird von Paulus kein besonderes christliches »Arbeitsethos« begründet, sondern dies ist für ihn eine Einweisung in die Wirklichkeit der Welt, die solange währt, bis Christus erscheint. Wie es danach mit der Arbeit sein könnte – darüber macht sich Paulus keine Gedanken. Einstweilen gehört die Arbeit zum Leben hinzu.

II. Diesseits in Eden

Im Alten Testament ist es nicht anders. Aber es ist doch auffällig, in welchem Zusammenhang hier zum ersten Mal von Arbeit gesprochen wird. Das ist im älteren der beiden Schöpfungsberichte, dem »erdverbundeneren«, lebensnäheren – und zwar im Zusammenhang mit der Schilderung des Paradieses und des Sündenfalls. Zunächst werfen wir einen Blick in den Gottesgarten (1. Mose 2,4b-8+15):

4b Es war zu der Zeit, da Gott der Herr Erde und Himmel machte.

05 Und alle Sträucher auf dem Felde waren noch nicht auf Erden, und all das Kraut auf dem Felde war noch nicht

gewachsen; denn Gott der Herr hatte noch nicht regnen lassen
auf Erden, und kein Mensch war da, der das Land bebaute;
06 aber ein Nebel stieg auf von der Erde und feuchtete alles Land.
07 Da machte Gott der Herr den Menschen aus Erde vom Acker
und blies ihm den Odem des Lebens in seine Nase. Und so
ward der Mensch ein lebendiges Wesen.
08 Und Gott der Herr pflanzte einen Garten in Eden gegen
Osten hin und setzte den Menschen hinein, den er gemacht
hatte. [...]
15 Und Gott der Herr nahm den Menschen und setzte ihn in
den Garten Eden, dass er ihn bebaute und bewahrte.

Eine erste Beobachtung: Die Schöpfung ist ein Produkt göttlicher Arbeit, so jedenfalls sieht es der ältere biblische Bericht. Er sagt es mit Tätigkeitswörtern: Ganz in der Art eines Handwerkers »macht« Gott »Erde und Himmel«, »macht« den Menschen »aus Erde vom Acker«, pflanzt wie ein Gärtner einen Garten. Der spätere Schöpfungsbericht, der am Anfang der Bibel steht (1. Mose 1,1-2,4a), sieht das übrigens schon reflektierter: Das hebräische Wort, das er für »schaffen« verwendet, kann nur im Zusammenhang mit Gott ausgesagt werden: um Gottes Tun auch begrifflich gegenüber dem menschlichen Tun abzugrenzen.

Viel unbefangener klingt es demgegenüber noch in 1. Mose 2: Gott scheut sich nicht zu arbeiten; er erarbeitet sich gewissermaßen seine Schöpfung – Arbeit ist bei ihm ein schöpferischer Vorgang.

Freilich sollte diese Beobachtung nicht dazu verleiten, nun in aller menschlichen Arbeit ein Abbild göttlicher Arbeit oder eine Entsprechung dazu sehen zu wollen und von daher ihre Bedeutung zu begründen. Der ältere Schöpfungsbericht denkt da recht einfach und schließt eher umgekehrt vom Menschen auf Gott, von der menschlichen Erfahrung, wie etwas produktiv entsteht, auf das Handeln Gottes. Arbeit ist selbstverständlich. Gott ist davon nicht ausgenommen. Die zweite Beobachtung: Schon im Gottesgarten hat der Mensch zu arbeiten. Unsere Träume vom Paradies sehen vielleicht anders aus: ewiger Müßiggang bei herrlich warmen Temperaturen im Einklang mit üppiger Natur – wie im Hochglanzkatalog der Reiseveranstalter. Der ältere Schöpfungsbericht wenigstens gibt dazu keinen Anhalt. Er desillusioniert. Menschliche Arbeit ist kein Übel, gegenüber dem es einen paradiesischen Urzustand des Nichtstuns gäbe. Nein, von Anfang an ist der Mensch dazu da, etwas zu tun: den Garten zu bebauen und zu bewahren, ihn zu hegen und zu pflegen. Umgekehrt wird aber auch keine Wesensaussage über den Menschen gemacht, etwa in dem Sinn, dass es seine göttliche Bestimmung sei, sich in der Arbeit zu verwirklichen. Sondern es wird nur beschrieben, was selbstverständlich ist: die Verantwortung des Menschen für das, was ihn umgibt. Und dieser Verantwortung kommt er nach, indem er entsprechend handelt. Gleich zweimal ist in dem zitierten kurzen Abschnitt vom »Bebauen und Bewahren« die Rede!

III. Jenseits von Eden

Der ältere Schöpfungsbericht schildert anschaulich den sogenannten Sündenfall – und zwar in allen seinen elementaren Konsequenzen für das menschliche Leben: im Verhältnis zur Natur, zur Sexualität und zur Arbeit. Für den Gesichtspunkt der »Arbeit« ist dabei folgender Passus wesentlich (1. Mose 3,17b–19+23):

17b Verflucht sei der Acker um deinetwillen! Mit Mühsal sollst du
dich von ihm nähren dein Leben lang.
18 Dornen und Disteln soll er dir tragen, und du sollst das Kraut
auf dem Felde essen.
19 Im Schweiße deines Angesichts sollst du dein Brot essen, bis
du wieder zu Erde werdest, davon du genommen bist. [...]
23 Da wies ihn Gott der Herr aus dem Garten Eden, dass er die
Erde bebaute, von der er genommen war.

Hört man nur den Schlusssatz, mag man sich fragen, was sich
durch den Sündenfall überhaupt verändert hat. Vorher ist der
Mensch dazu da, die Erde zu bebauen, und hinterher, jenseits
von Eden, ebenso. Genug Arbeit dort wie hier! Umso wich-
tiger ist es, die Veränderung nachzuzeichnen, zumal es im
Lauf der Deutungsgeschichte auch manche Missverständnisse gegeben hat.

Ein erstes Missverständnis, das jetzt nicht mehr ausführ-
lich abgewehrt werden muss, lautet: Nicht erst außerhalb des
Paradieses beginnt für den Menschen die Arbeit Arbeit ist
keine Folge oder Strafe für den Sündenfall, modern gesprochen: für die Emanzipation des Menschen von Gott.

Und das zweites Missverständnis, das es auszuräumen gilt:
Nicht die Arbeit steht von nun an unter einem Fluch, sondern verflucht wird der Acker. Jenseits von Eden ändern sich
die Voraussetzungen der Arbeit: die natürlichen Grundlagen,
denen der Ertrag oder das Produkt mühsam abgerungen
werden müssen, und damit zusammenhängend auch die
menschliche Motivation. Arbeit verliert ihre ursprüngliche
Leichtigkeit. Sie erfordert fortan harte Anstrengung. Insofern
kann allenfalls in einem abgeleiteten Sinn davon gesprochen
werden, menschliche Arbeit stehe unter einem Fluch.

Arbeit selbst dagegen ist kein Fluch. Und deshalb ist der Mensch nach gesamtbiblischem Verständnis auch nicht dazu bestimmt, dauernd und ohne Unterbrechung zu arbeiten. Etwas bleibt ihm erhalten: der Sabbat, der Tag der Arbeitsruhe. Er wird auch unter den Bedingungen jenseits von Eden deutlich machen, dass Arbeit nicht alles ist. Er zeigt, dass der Mensch auf mehr angewiesen ist als auf die eigene Reproduktion der Voraussetzungen seines Lebens.

IV. Ausblicke

Die Einsicht in den älteren Schöpfungsbericht der Bibel lässt sich nicht einfach und bruchlos in unsere Gegenwart übertragen und hier anwenden. Aber einige Gesichtspunkte sollten denn doch nicht ohne Not vernachlässigt werden:

Arbeit ist ein menschliches Grundphänomen. Sie gehört selbstverständlich zum Menschsein hinzu. Wie aber, so muss heute die Frage lauten, wenn Arbeit (und die Möglichkeit zur Arbeit) nicht mehr selbstverständlich ist? Hat das Folgen für das Verständnis des Menschen?

Arbeit dient der Lebenssicherung und dem Lebensunterhalt. Sie hat einen bestimmten Zweck. Dadurch unterscheidet sie sich von anderen Tätigkeiten, die auch anstrengend sein mögen. Was aber, so muss heute die Frage lauten, wenn der Ertrag der Arbeit nicht mehr ausreicht, um das Leben angemessen zu bestreiten?

Arbeit kann nicht in einem qualitativen Sinn in körperliche Arbeit und geistige Arbeit unterteilt werden mit der Tendenz, nur geistige Arbeit als schöpferische Arbeit gelten zu lassen. Vom ganzheitlichen Denken der Bibel her gehört beides zusammen. Was aber, so muss heute die Frage lauten, wäre zu tun, um die gängige unterschiedliche Bewertung von geleisteter Arbeit zu überwinden?

Arbeit entscheidet nicht über Sinn und Wert des Lebens. Sie ist nicht die alleinige und ausschließliche Bestimmung des Menschen. Wie aber, so muss heute die Frage lauten, ist diese biblische Erkenntnis so zu vermitteln, dass sie weder gegenüber denen, die Arbeit haben, noch gegenüber Arbeitslosen hämisch klingt?

Noah

1. Mose 9,8-19

08 Und Gott sagte zu Noah und seinen Söhnen mit ihm:
09 Siehe, ich richte mit euch einen Bund auf und mit euren
Nachkommen
10 und mit allem lebendigen Getier bei euch, an Vögeln, an Vieh
und an allen Tieren des Feldes bei euch, von allem, was aus
der Arche gegangen ist, was für Tiere es sind auf Erden.
11 Und ich richte meinen Bund so mit euch auf, dass hinfort nicht
mehr alles Fleisch verderbt werden soll durch die Wasser der
Sintflut und hinfort keine Sintflut mehr kommen soll, die die
Erde verderbe.
12 Und Gott sprach: Das ist das Zeichen des Bundes, den ich
geschlossen habe zwischen mir und euch und allem lebendigen
Getier bei euch auf ewig:
13 Meinen Bogen habe ich in die Wolken gesetzt; der soll das
Zeichen sein des Bundes zwischen mir und der Erde.
14 Und wenn es kommt, dass ich Wetterwolken über die Erde
führe, so soll   man meinen Bogen sehen in den Wolken.
15 Alsdann will ich gedenken an meinen Bund zwischen mir und
euch und allem lebendigen Getier unter allem Fleisch, dass
hinfort keine Sintflut mehr komme, die alles Fleisch verderbe.
16 Darum soll mein Bogen in den Wolken sein, dass ich ihn
ansehe und gedenke an den ewigen Bund zwischen Gott und
allem lebendigen Getier unter allem Fleisch, das auf Erden ist.
17 Und Gott sagte zu Noah: Das sei das Zeichen des Bundes,

38

den ich aufgerichtet habe zwischen mir und allem Fleisch auf
Erden.

I. Die Erzählung
1. Der Bogen am Himmel

»Ein Regenbogen ist ein atmosphärisch-optisches Phänomen, das als kreisbogenförmiges Lichtband mit für Spektral-
farben charakteristischem Farbverlauf wahrgenommen wird.
Er entsteht durch die wellenlängenabhängige Brechung und
der Spiegelung des Sonnenlichts in den annähernd kugel-
förmigen Wassertropfen einer Regenwand oder -wolke,
wenn diese von der hinter dem Beobachter stehenden Sonne beschienen wird.« So erklärt unser allgegenwärtiges »Wi-
kipedia« das Phänomen des Regenbogens. Naturwissenschaftlich gesehen ist der Regenbogen tatsächlich nichts
anderes als eine Ansammlung von Regentropfen, in denen
sich das Sonnenlicht bricht. Aber ist damit ausgesagt, was wir
empfinden, wenn wir einen Regenbogen leuchten sehen?
Wohl kaum. Man kann das gleiche Phänomen ganz anders
erfassen und zu beschreiben suchen:

Grau und trüb und immer trüber
Kommt das Wetter angezogen,
Blitz und Donner sind vorüber,
Euch erquickt ein Regenbogen.

Frohe Zeichen zu gewahren
Wird der Erdkreis nimmer müde;
Schon seit vielen tausend Jahren
Spricht der Himmelsbogen: Friede!

Aus des Regens düstrer Trübe
Glänzt das Bild, das immer neue;
In den Tränen zarter Liebe
Spiegelt sich der Engel – Treue.

Wilde Stürme, Kriegeswogen
Rasten über Hain und Dach;
Ewig doch und allgemach
Stellt sich her der bunte Bogen.

Nachzulesen in Goethes Gedicht, das den schönen Titel trägt: »Regenbogen über den Hügeln einer anmutigen Landschaft«.

Unzweifelhaft ist der Regenbogen ein physikalisch erklärbares Phänomen. Aber er ist doch viel mehr: Der Anblick eines Regenbogens berührt Tiefenschichten in uns und bewegt unsere Seele. Die Poesie zeugt davon, dass der Regenbogen vor allem ein faszinierendes ästhetisches Phänomen ist.

So vom Anblick eines Regenbogens angerührt, kann es nicht verwundern, dass er in der Mythologie vieler Kulturen eine Rolle spielt – und dass es sich dabei ausnahmslos um eine positive Rolle handelt: von Australien über Asien und Europa bis zu den Inkas im Süden und den Navajos im Norden Amerikas. All die Erzählungen vom Regenbogen sind unabhängig voneinander entstanden. Das spricht dafür, dass wir in ihm einen Archetyp menschlicher Welterfahrung gespiegelt sehen.

Nun ist die Bibel nicht vornehmlich Poesie – das ist sie in weiten Teilen auch –, sondern nach christlichem Verständnis Zeugnis des Glaubens an den Gott Abrahams, Isaaks und

Jakobs und an den Vater Jesu Christi. Dennoch müssen wir uns eines klar vor Augen führen, wollen wir der biblischen Schöpfungsgeschichte nicht Unrecht tun: Die vielen wunderschönen Erzählungen sind Deutungen unserer Welt, die zum Glauben an Gott einladen. Wer sie als Beschreibungen und Erklärungen von Tatsachen und Ereignissen im modernen naturwissenschaftlichen Sinn auffasst, verfehlt sie und wird ihnen nicht gerecht. Das gilt auch für den Regenbogen als Zeichen des Bundes, den Gott der biblischen Erzählung zufolge mit Noah nach der Sintflut schließt: »Meinen Bogen habe ich in die Wolken gesetzt; der soll das Zeichen sein des Bundes zwischen mir und der Erde.« (V. 13) Nach dem Regen, nach der Bedrohung durch das Gewitter, nach der dunklen Flut leuchtet im Regenbogen das ganze Farbenspektrum der Schöpfung. Er überwölbt alles Leben wie eine Schutzglocke. Die Vernichtung bleibt ausgesperrt.

Nehmen wir andere Überlieferungen, etwa aus dem Zweistromland, hinzu, dann können wir diesen Vers durchaus in der Weise interpretieren, dass es der Kriegsbogen Gottes ist, der zum Regenbogen wird: Gott legt seine Waffe aus der Hand und macht diesen Bogen zum Bundeszeichen dafür, dass er die Stabilität und Ordnung der Schöpfung zusagt. Der Bogen erinnert Gott selbst und die Menschen an diese Zusage. Es soll keine weitere Sintflut mehr geben, keine Zerstörung der Erde. Gott segnet Menschen und Tiere (!) – und dieser Segen bleibt gültig und bleibt bestehen, auch wenn wir uns von Gott abwenden. So einseitig ist Gott, sagt uns der Regenbogen: Er ist einseitig gnädig. Der Kriegsbogen wandelt sich zum Segensbogen, Schwerter können zu Pflugscharen werden!

2. Wer war Noah?

Schauen wir genauer in die Erzählung hinein. In ihrer literarischen Gestalt speist sich die Urgeschichte, wie wir sie in den ersten elf Kapiteln der Bibel finden, aus verschiedenen Quellen. Die Noah-Erzählung findet sich ursprünglich in der sogenannten »Priesterschrift«, einem ausgesprochen durchdachten und theologisch reflektierten Konzept einer Deutung von Welt und Mensch. Später wurden die verschiedenen Traditionen zu einem Gesamtentwurf zusammengefügt.

Im Erzählstrom der ersten Kapitel des Buches Genesis steht Noah für einen abermaligen Anfang in Gottes Geschichte mit seiner Schöpfung und mit uns Menschen. In vielen Zügen ist Noah vergleichbar mit der Gestalt Adams am Anfang der Urgeschichte. Die Ausbreitung der Menschheit von den Stammeltern Adam und Eva an wird durch die Sintflutgeschichte auf die Familie Noahs reduziert. Alle anderen Menschen, so die Sintfluterzählung, sterben. Ganz ähnlich werden die Tiere dezimiert. Die Menschen und die Landtiere, die in der Arche die Sintflut überlebt haben, markieren den neuen Beginn der Geschichte, Neuanfang. Es geht wieder von vorne los. Wir befinden uns in der »noachitischen Weltzeit«.

Zwei Welten sind es, für die die Gestalt des Noah steht: eine gescheiterte, untergegangene Welt und die Welt, in der wir seither über Jahrtausende hin leben. Vor der Sintflut herrschen in der Welt pure Willkür und Verderben, nach der Sintflut wird eine Ordnung installiert. Die Welt wird »zivilisiert«.

Manche Deutung knüpft bei Noahs Namen an, den man mit »Ruhe« oder »ausruhen« übersetzen könnte. Er stünde dann für eine »Generalpause« in der Menschheitsgeschichte, bevor diese wieder beginnt. Aber vielleicht ist das doch bloße Spekulation.

Ich sagte, dass es in vielen unterschiedlichen Kulturkreisen Sintfluterzählungen gibt. Im Vergleich damit fällt auf, dass Noah in der biblischen Überlieferung nach der Sintflut ein sterblicher Mensch bleibt, während etwa in Parallelen aus Babylon der Überlebende zum Gott wird.

Im Neuen Testament gilt Noah geradezu als Typus des Menschen in der Nähe Gottes, als »Prediger der Gerechtigkeit« (2. Petr 2,5) und als Exempel eines Glaubens, der sich allein auf Gottes Wort verlässt (Hebr 11,7). Er eröffnet nicht nur eine neue Weltgeschichte, das »noachitische Zeitalter«, sondern auch eine nach vorne hin offene Glaubens- und Heilsgeschichte, die bis zu uns führt und in die wir einbezogen sind.

3. Wer ist Gott?

Aber die Sintflutgeschichte erzählt nicht nur das Schicksal Noahs und seiner Familie, sondern will vor allem von der Zuwendung Gottes zu den Menschen reden. In der maßlosen Hybris, selbst Gott sein zu wollen, hatten die sich von ihm abgewandt. Deshalb ließ Gott die Katastrophe der Sintflut hereinbrechen. Doch trotz dieses furchtbaren Strafgerichts gibt Gott seiner Liebe zum Menschen, ja zu seiner ganzen Schöpfung nicht den Abschied. Im Gegenteil! Von nun an soll es nie mehr eine Sintflut geben. Obwohl Gott geradezu damit rechnet, dass wir Menschen uns gegen ihn auflehnen oder ihn aus der Welt schaffen wollen, ist der Bund, den er schließt, bedingungslos gültig. Er kann nicht gekündigt werden: von Gott nicht, weil er sich daran bindet, und erst recht nicht von uns Menschen.

Könnte die Erzählung vom Bogen am Himmel ein Beleg für das Motiv der »Reue Gottes« sein? Anders als das griechische Denken, das sich Gott nur unwandelbar vorzustellen vermag, ist es für den Glauben des Gottesvolkes Israel charakteristisch, dass Gott sich ändern kann: In seiner Liebe zu den Menschen geht Gott, wenn er will, auch neue Wege – und bleibt doch derselbe. Was sich ändert, ist die Intensität seiner Zuwendung zu uns Menschen. Es ist sozusagen Gottes Art, uns auf neue Weise zu erscheinen. Für Christen zieht sich diese Linie bis hin zu Weihnachten, zur Menschwerdung Gottes in Jesus Christus. Neu und anders, und doch immer derselbe!

4. Der Bund Gottes mit seiner Schöpfung

Die Sintflutgeschichte endet mit dem Bund, den Gott setzt. Zuerst fällt auf: Dieser Bund gilt nicht nur den Menschen, sondern es heißt: »Siehe, ich richte mit euch einen Bund auf und mit euren Nachkommen und mit allem lebendigen Getier bei euch, an Vögeln, an Vieh und an allen Tieren des Feldes bei euch, von allem, was aus der Arche gegangen ist, was für Tiere es sind auf Erden.« (V. 9 und 10) Der Noahbund umfasst die ganze Schöpfung.

Für diesen Bundesschluss Gottes mit Noah gibt es in der Welt des Alten Orients keine Parallelen. Anders formuliert: Gerade der universale Bundesschluss Gottes mit seiner Schöpfung, für den der Regenbogen am Himmel steht, un-

terscheidet die biblische Erzählung von den Sintflutge-
schichten anderer Kulturen. Und die Gültigkeit dieses Bundes ist nicht an entsprechende menschliche »Gegenleistungen«
gebunden. Die Gebote Gottes zu beachten, sollte selbstverständlich sein, denn sie bewahren davor, dass die Welt ins
Chaos zurückfällt.

II. Was könnte diese Geschichte für die Begegnung von Christen und Muslimen bedeuten?

1. Eine Verheißung für die ganze Menschheit

Die biblische Urgeschichte erzählt von der Universalität
Gottes. Er erschafft alle Menschen; im Bund mit Noah sagt
er ihnen den Bestand der Schöpfung zu. Wer im Buch Genesis weiterliest, wird auf den Abrahambund stoßen und
damit auf die Grundlage der Erwählung Israels als Volk Gottes. Dies aber schränkt den Universalismus des Noahbundes
nicht ein! Es bleibt dabei: Der Gott, vom dem die Bibel erzählt, ist nicht nur der Gott der Juden und der Christen.
Seine Zuwendung und sein Anspruch gelten allen Menschen.

Schon die jüdische Tradition begreift den Noahbund als
eine Verheißung für die *ganze* Menschheit – über das erwähl-
te Gottesvolk Israel hinaus. Das geht so weit, dass, wer die
sogenannten »noachitischen Gebote« beachtet, Anteil am
Heil Gottes bekommt. Eine Konversion etwa zum Judentum
ist in dieser Perspektive unnötig! So gesehen lädt die Geschichte vom Noahbund und vom Zeichen des Regenbogens gerade dazu ein, sie in der interreligiösen Begegnung
gemeinsam zu lesen und zu entfalten.

2. Ein gemeinsames Ethos unter dem Regenbogen?

Was entdecken wir da? Die universalistischen Züge der biblischen Urgeschichte machen Mut, Vielfalt zuzulassen – Vielfalt innerhalb der eigenen Glaubensgemeinschaft, aber auch die Vielfalt der Glaubensgemeinschaften und Religionen. Vielfalt aber bedeutet nicht gleich Harmonie und Einigkeit!

Gerade das Motiv des Kriegsbogens, den Gott in den Himmel hängt, macht deutlich, dass es unter uns Menschen stets auch um Konfliktgeschichten geht! Eine gemeinsame religiöse Bemühung um die Noahgeschichte kann insofern für die Begegnung unterschiedlicher Religionen bedeutsam sein, als vorhandene Unterschiede und Auseinandersetzungen nicht verschwiegen werden müssen, wir aber dennoch um die gemeinsame Verantwortung für das Leben auf dieser Erde wissen und nach Wegen für die gemeinsame und friedliche Weltgestaltung suchen.

Die Sintflut wird sich nicht wiederholen. Dafür steht der Regenbogen als sichtbares Versprechen Gottes ein. Umso mehr haben wir uns zu fragen, was die universale Zusage Gottes, dass er uns den Bestand seiner Schöpfung verspricht, für unser konkretes Handeln als Menschen unterschiedlichen Glaubens bedeuten kann. Drei Gedanken sind mir wichtig:

a) Die *eine* Welt

Mir begegnet gar nicht so selten die Meinung, alle Bemühungen um den Schutz unseres Planeten seien überflüssig, weil Gott ohnehin zugesagt habe, er werde die Schöpfung erhalten. Ich habe erhebliche Zweifel, ob das eine sachgerechte Auslegung des Noahbundes ist! Angesichts der globalen Diskussionen um das Weltklima und seine Bedrohung sehe ich unsere Aufgabe eher darin, gemeinsam – über die Grenzen der Religionen hinweg – darauf zu dringen, dass wir das Leben auf dieser Erde schützen und den Verlust an Leben, soweit es in unseren Kräften steht, begrenzen.

Man könnte nun einwenden, damit werde der Unterschied zwischen Schöpfer und Geschöpfen verwischt. Darum geht es gerade nicht! Sondern es geht darum, den Auftrag an uns Menschen, die Erde zu bebauen und zu bewahren (1. Mose 2,15), ernst zu nehmen und sich zu fragen, was das heute bedeuten kann. Wir Menschen können nicht den Fortbestand dieser Erde garantieren. Das brauchen wir auch nicht, denn das hat Gott im Noahbund bereits getan. Aber Gottes Zusage ist kein Freibrief für eine »Vollkasko-Mentalität«, sondern legt uns – um einmal in der fremden Sprache der Versicherungswirtschaft zu bleiben – eine »Schadenminderungspflicht« auf! Wir stellen uns mit unseren Bemühungen um die Bewahrung der Schöpfung in den Dienst der göttlichen Zusage!

b) Die *eine* Menschheit

Adam und Eva sowie die Familie Noahs erscheinen in der biblischen Urgeschichte als die Vorfahren der *ganzen* Menschheit, die darum nur als *eine* Menschheit verstanden werden kann. Ihr gilt der Noahbund. Aus biblisch-christlicher Tradition ergibt sich also die Verpflichtung, auch über Grenzen, die es zwischen Menschen unbestreitbar gibt, hinweg zu kooperieren.

Für die interreligiöse Begegnung heißt das: Wir stehen gemeinsam – welcher Religion wir auch angehören – unter der Verheißung des Noahbundes, weil wir alle Menschen sind. So wird Humanität innerhalb und jenseits religiöser Unterschiede möglich.

c) Der *eine* Gott

Schließlich der dritte, vielleicht schwierigste Gedanke: Die Bibel, insbesondere das Alte Testament, weiß von vielerlei Göttern zu erzählen. Und die Erörterung, wie sich der Gott Israels zu den Göttern der anderen Völker verhält, füllt zahlreiche Kapitel. In der biblischen Urgeschichte dagegen ist von dem *einen* Gott die Rede, der Himmel und Erde geschaffen und später Noah und die Seinen durch die Sintflut hindurch bewahrt hat.

Unsere Aufgabe als Christen und Muslime ist es, uns darüber zu verständigen, ob und wie wir von *einem* gemeinsamen Gott reden können. Sollten wir theologisch übereinkommen, unterschiedlich von *einem* Gott reden zu können, dann müssen wir miteinander klären, was es bedeutet, von dem *einen* Gott unterschiedlich zu reden – und ob und was wir über die zwischen uns bestehenden Unterschiede hinweg gemeinsam von diesem *einen* Gott sagen können.

Das II. Vatikanische Konzil hat in seiner Konstitution »Lumen Gentium« für die römisch-katholische Kirche formuliert, dass Muslime »sich zum Glauben Abrahams bekennen und mit uns den einen Gott anbeten, den barmherzigen, der die Menschen am Jüngsten Tag richten wird.« (LG 16) Als Protestant empfinde ich diese dogmatische Festlegung als hilfreich: Es ist der *eine* Gott, den wir auf unterschiedliche Weise erkannt haben und verehren. Mit solch einer grundlegenden Einsicht sind die vielen Fragen nach der Wahrheit, Verbindlichkeit und Grenze des eigenen Glaubens nicht beantwortet. Aber es verbieten sich fortan Unduldsamkeit, Besserwisserei und Ignoranz. Unter Gottes Bogen sind wir vereint. Und das ist das Entscheidende!

Abraham

1. Mose 12,10-20

In der für den Frankfurter Kirchentag gefertigten Übersetzung lautet unser Abschnitt folgendermaßen:

10 *Es kam eine Hungersnot über das Land. Abram machte sich auf den Weg hinab nach Ägypten, um dort als Fremder Aufnahme zu finden – schwer war ja der Hunger im Land.*
11 *Als er sich Ägypten näherte, sprach er zu Sarai, seiner Frau:* »*Siehe doch, ich weiß ja, du bist eine Frau, die schön anzusehen ist.*
12 *Wenn dann die Ägypter dich sehen, werden sie sagen:* ›*Das ist seine Frau*‹, *und sie werden mich töten, dich aber leben lassen.*
13 *Sag doch, du wärst meine Schwester, damit es mir auf deine Kosten gut geht und ich mein Leben dank deiner behalte.*«
14 *Als Abram nach Ägypten kam, sahen die Ägypter die Frau: Ja, sie war sehr schön.*
15 *Die Mächtigen Pharaos sahen sie und priesen sie vor Pharao. Da wurde die Frau in den Harem Pharaos gebracht.*
16 *Und Abram ging es gut auf ihre Kosten. Er bekam Schafe und Rinder und Eselshengste und Sklaven und Sklavinnen und Eselinnen und Kamele.*
17 *Da schlug Adonaj Pharao mit harten Schlägen – auch sein ganzes Haus. Es ging um Sarai, Abrams Frau.*
18 *Pharao rief Abram und sprach:* »*Was hast du mir angetan? Warum hast du mir nicht erzählt, dass sie deine Frau ist?*

19 Warum hast du gesagt: ›Sie ist meine Schwester‹? So habe ich sie mir zur Frau genommen. Nun sieh! Sie ist deine Frau. Nimm sie und geh!«
20 Und Pharao ordnete Männer für ihn ab, ihn und seine Frau und alles, was er hatte, fortzubringen.

Eine Geschichte hat begonnen, eine Geschichte in grauer Vorzeit – und doch ist sie uns wie kaum eine andere aus der Bibel geläufig und manchmal zum Bild unserer eigenen Lebensgeschichte geworden.

Auf das Geheiß eines ihm bis dahin unbekannten Gottes macht sich Abraham mit seiner Frau und seinem Neffen und mit ganzem Gefolge auf einen langen Weg in das Land, das ihm versprochen ist. Dort soll er sein: der weite Raum der Verheißung – neu und unbekannt!

Seit meiner Kindheit steht er so vor mir: Abraham, ein Mensch des Glaubens und der ganzen Hingabe, weil er tat, was Gott ihm aufgetragen hatte. Den »Geliebten Gottes« nennt ihn darum das Alte Testament (Jes 41,8); Freund Gottes heißt er im Jakobusbrief (2,23) ebenso wie im Koran (Sure 4,125): »Und wer hätte einen schönern Glauben, als wer sein Angesicht Allah ergibt und das Gute tut und die Religion Abrahams, des Lautern im Glauben, befolgt; und Allah nahm sich Abraham zum Freund.«

Seit meiner Kindheit ist er auch *mein* Freund gewesen. Sein Bild hat tief in die Zeit hineingewirkt, in der ich längst Theologe und aus den Kinderschuhen herausgewachsen war. Bis heute gibt es keinen Kindergottesdienst, keinen Religionsunterricht in der Grundschule, in dem nicht von Abraham erzählt würde. Alles, was Glaube ist, wird nach christlicher Deutung beispielhaft an Abraham sichtbar: Vertrauen und Gehorsam, Geduld und Erfüllung. Damit ist er allerdings zum leblosen Typus hochstilisiert worden und hat alles Fleisch und Blut verloren. Was die Bibel in verblüffender Offenheit an Kritischem berichtet, gerät in Vergessenheit. Mir jedenfalls ist das immer wieder so ergangen.

Vielleicht mag es an dem »männlichen Blick« liegen, mit dem ich unweigerlich die Bibel lese, vielleicht aber auch schon an dem »männlichen Blick«, mit dem die Überlieferung selbst das Bild dieses »Vaters des Glaubens« prägt. Die Schattenseiten werden dann ausgeblendet – und damit auch der Gedanke, was dies alles für jenen Menschen bedeutet haben mag, der den Weg Gottes heraus aus der vertrauten Lebenswelt mit ihm geht: für Sara, seine Frau.

Nicht von ungefähr bricht meist das noch verbreitete Wissen von Abraham erst einmal ab, nachdem er das verheißene Land erreicht hat. Bis dahin war er Gott gehorsam, bis dahin hatte er sich ihm anvertraut. So weit, so gut.

Und jetzt? Nur wenige von uns werden die unmittelbar anschließende Geschichte kennen – in der Lutherbibel ist sie harmlos mit »Abram und Sarai in Ägypten« überschrieben. Bibelkundigen mag noch geläufig sein, dass der Erzählkern dieser Geschichte insgesamt dreimal im 1. Mosebuch überliefert ist. Aber das hindert nicht daran, dass sich über sie weithin der Mantel des Schweigens gelegt hat. Warum eigentlich, frage ich mich? Es lohnt sich, ihn zu lüften.

Ein Gespräch der drei Religionen, die sich gemeinsam an Abraham erinnert wissen, sollte Idealisierungen seiner Person vermeiden. Sonst wird es unaufrichtig. Hart gesagt: Abraham erscheint in dem Abschnitt 1. Mose 12,10–20, der auf den Aufbruch ins verheißene Land folgt, nicht als der »Vater des Glaubens«, sondern als der »Vater des Unglaubens«! Und das stört das harmlose Bild, das wir uns gemeinhin von ihm machen.

»Abram machte sich auf den Weg hinab nach Ägypten.« (V. 10) Wieder weg! Seit Sara und er ihre Heimat verlassen haben, ist ihr Leben ruhelos. Das Land, in das sie Gott geführt hat, erweist sich wider Erwarten als lebensbedrohlich. Eine Hungersnot steht vor der Tür – keine Seltenheit zu jener Zeit und doch stets Anlass zur Sorge, das eigene Leben zu retten. Abraham, Realist genug angesichts dieser Aussichten, trifft eine folgenreiche Entscheidung: Fort nach Ägypten – um jeden Preis. Hauptsache weg! Fremder bist du überall außer in der eigenen Heimat.

Von Gott ist keine Rede, auch hören wir nichts von einem göttlichen Auftrag, sich nach Ägypten zu retten: keine Stimme, keine Erscheinung, kein Traum. Der Weg in das Land jenseits des Nils ist ein eigenmächtiger Weg. Der Ruf Ägyptens, das Land der Fruchtbarkeit und des Überlebens zu sein, ist stärker als alles Vertrauen in Gottes Fügung. Was bedeutet es da schon, einen Trick anwenden zu müssen, um nicht gleich von einer Gefährdung in die nächste zu geraten – vom Hungertod zum Tod durch Erschlagen?

Ganz schön clever ausgedacht, Abraham. Ohne Frage. Deine Frau gibst du einfach als deine Schwester aus, dann sind gleich mehrere Fliegen mit einer Klappe geschlagen: Die Ägypter werden dich schätzungsweise nicht umbringen, um in den Besitz deiner schönen Frau zu kommen. Warum sollte man den Bruder töten, der doch keine Ansprüche auf sie hat! Im Gegenteil: Du wirst vielleicht sogar den Brautpreis für sie bekommen. Ihr werdet beide überleben – und du kannst es dir noch gut gehen lassen. Statt deine bloße Haut zu retten, wirst du im Luxus schwelgen: »Schafe, Rinder, Eselshengste, Sklaven, Sklavinnen, Eselinnen und Kamele« (V. 16) – alles, was das Herz begehrt, das reinste Schlaraffenland!

Was macht es da schon, dass Sara im Harem des Pharao verschwindet. Wie es ihr dabei geht, schutzlos ausgeliefert, Objekt der Begierde in einem fremden Land – kein Gedanke bei dir. Das würde den klugen Plan vereiteln – und ihr beide müsstet vielleicht »dran glauben«. Dann doch besser nur eine – für einen guten Zweck.

Wie paradox: Eben noch Träger einer großen Verheißung, verpasst sich Abraham menschliches Normalmaß. Vom Glaubensheros wenigstens ist er weit entfernt! Bewusst nimmt er die Gefährdung seiner Frau in Kauf – und setzt damit die Verheißung aufs Spiel. Der hehre Verheißungsträger wird zum Gegenspieler der Wege Gottes. Alles ist raffiniert ausgedacht, gewiss. Alles sehr männlich zudem, wenn das Schicksal von Frauen verzweckt wird. Und alles, ohne dass auch nur irgendwo von Gott die Rede ist. Die Angst ums Überleben kann manchmal viel stärker sein als der Glaube!

Jetzt erst, wo sich alles so ergibt, wie es Abraham mit seinem Schachzug eingefädelt hat, greift Gott ein. »Da schlug Adonaj Pharao mit harten Schlägen – auch sein ganzes Haus. Es ging um Sarai, Abrams Frau.« (V. 17) Nicht das letzte Mal wird es sein, dass ein Pharao Gottes harte Schläge spürt. Motive vom Auszug Israels aus Ägypten schimmern hindurch (2. Mose 7,14–12,51). Seltsam, frage ich mich, warum trifft es den Pharao? Hätte das nicht eher Abraham abbekommen müssen? Der ägyptische Pharao handelte, wie mancher Mann handelt, wenn es um eine begehrenswerte Frau geht: Er will sie für sich haben. Er konnte ja nicht ahnen, was er sich damit einhandelte, als er mit seinem sichtlichen Interesse gerade an *dieser* Frau in die Verheißung Gottes eingriff, die Sara ebenso wie Abraham galt, und dass er es dadurch mit Gott zu tun bekam.

Abraham aber kommt ungeschoren davon – keine Strafe durch den Pharao, keine Strafe durch Gott, nicht einmal das Aufbegehren seiner Frau, die er wieder zu sich nehmen kann. Nur noch einmal der Befehl, mit dem alles schon einmal anfing: »Geh!« (V. 19) Jetzt aber nicht als gnädiger Zuspruch, sondern als Ausweisung und Abschiebung: Ägypten ist nicht das weite Land. Es geht zurück ins Südland. Auf ein Neues! Hier liegt das verheißene Land – hier, und nirgendwo anders. Hier soll sich erweisen, dass die Verheißung Gottes Wirklichkeit wird. Daran wird sich Israel erinnern: durch die Jahrhunderte hindurch.

Eine Begegnung mit dem fremden Abraham also – auch das gehört zur Begegnung von Juden, Christen und Muslimen hinzu. Vier Gedanken will ich andeuten, die mir bemerkenswert sind und die wir im Auge behalten sollten:

1. Was bedeutet es für das Verständnis unseres *Glaubens,* wenn wir uns Abraham, den Freund Gottes, zum Vorbild nehmen? Bleibt er der einzigartige Heroe, sodass auch der Glaube letztlich nur heroisch verstanden werden kann? Solch ein Glaube aber droht exklusiv zu werden. Denn es stellt sich dann schnell die Frage: Wem gehört Abraham? Er verbindet nicht nur die drei monotheistischen Religionen, sondern der Streit um ihn trennt auch! Oder öffnet uns die Identifikation mit ihm auch die Möglichkeit, von fehlendem Gottvertrauen und von Schuld in unserer eigenen Religion zu sprechen?

2. Eine kritische Lektüre von 1. Mose 12,10-20 bringt beispielhaft zutage, wie schnell *Frauen* zum Objekt männlichen Kalküls oder männlicher Begierde werden können.
   Schon die biblischen Erzähler waren wenig an den Re-
   aktionen Saras interessiert. Sind die sogenannten »abraha-
   mitischen« Religionen durchweg männerorientiert –
   oder zeigen sich Ansätze, die alten Verhaltensmuster
   aufzubrechen?

3. Ägypten, das *Land* der Zuflucht und des Überlebens, war
   nicht das »gelobte« *Land*. Es ging zurück über den Nil
   nach Kanaan. Hier wird Abraham den Zipfel der Verheißung erhaschen, als er einen Acker in Machpela erwirbt,
   um dort seine Frau Sara zu bestatten (1. Mose 23,17-20).
   Abrahams Nachkommen ist das ganze Land zum Besitz
   verheißen. Wer aber sind die Nachkommen? Allein jene,
   die sich aus seiner Ehe mit Sara herleiten, oder auch jene,
   die aus der Verbindung mit Hagar herrühren? Wem gehört das »Heilige Land« – und gibt es alleinige Besitzan-
   sprüche in heutiger Zeit, die sich bis auf Abraham zurückführen lassen? Könnte es für das angespannte Verhältnis
   von Juden, Muslimen und Christen in Israel und Palästina eine heilsame Erinnerung sein, wenn Gott als der eigentliche »Besitzer« des Landes angesehen würde? Dann
   wäre dort Platz für alle Nachkommen Abrahams.

4. *Gott* steht zu seinen Verheißungen. Die Bibel nennt das
   unverbrüchliche Treue. Er greift heilvoll ein, wenn seine
   Zusagen gefährdet werden. Gott wird als Erretter und
   Befreier erfahren, der Sara aus ihrer Situation löst und ihr
   Leben erhält. Wie steht es mit dieser Gotteserfahrung, die

menschliche Bedingungen durchbricht? Gott als Bewahrer des Lebens: Das bezeugen Juden, Christen und Muslime auf unterschiedliche und doch zugleich gemeinsame Weise. Was wäre, wenn wir uns gegenseitig Geschichten unserer Bewahrung erzählen könnten und sie mit Gott in Verbindung brächten? Ich bin mir ziemlich sicher, unsere Gespräche in Kirchen, Synagogen und Moscheen würden an Tiefgang, Glaubwürdigkeit und Verständnis gewinnen.

Auch wenn wir hier erst am Anfang stehen: Es lohnt sich, diesen Weg zu gehen – in eine Weite, die wir noch nicht kennen, in die uns Gott aber stellt.

Sonntag

2. Mose 20,8-11

08 Gedenke des Sabbattages, dass du ihn heiligest.
09 Sechs Tage sollst du arbeiten und alle deine Werke tun.
10 Aber am siebenten Tage ist der Sabbat des Herrn, deines
Gottes. Da sollst du keine Arbeit tun, auch nicht dein Sohn,
deine Tochter, dein Knecht, deine Magd, dein Vieh, auch nicht
dein Fremdling, der in deiner Stadt lebt.
11 Denn in sechs Tagen hat der Herr Himmel und Erde gemacht
und das Meer und alles, was darinnen ist, und ruhte am
siebenten Tage. Darum segnete der Herr den Sabbattag und
heiligte ihn.

Als christlicher Theologe kann ich vom Sabbat nicht reden,
ohne vom Sonntag zu reden. Denn der Sonntag ist die
christliche Rezeption des Sabbats, die ihrerseits – bewusst
oder unbewusst – alles christliche Nachdenken über den
Sabbat beeinflusst.

Das Gebot der Sonntagsheiligung (und damit die Aufnahme des Sabbatgebots) ist in dem Kulturkreis, der vom Pro-
testantismus geprägt wurde, vor allem durch die Katechis-
mustradition vermittelt: »Du sollst den Feiertag heiligen«,
heißt es schlicht und einfach bei Martin Luther.

Doch kann man durchaus sagen: Auch wenn das 3. Gebot
scheinbar so eindeutig klingt, hat sich seine Befolgung sehr
unterschiedlich ausgeprägt. Es würde ja schon genügen, sich

gegenseitig unsere Sonntags-Erfahrungen zu erzählen, um zu sehen, welch ein Wandel in der öffentlichen wie in der privaten Einstellung zum Sonntag sich allein in der jüngeren Vergangenheit vollzogen hat.

I. Sonntagserleben

Einige persönliche Beispiele aus der eigenen Lebensgeschichte, mehr zufällig herausgegriffen, werden bei Ihnen vielleicht lebhafte Erinnerungen auslösen, ganz gleich, ob Sie nun auf dem Land oder in der Stadt groß geworden sind. Schon im Lauf des Samstagvormittags wurde die Wohnung aufgeräumt, spätestens am Nachmittag die Straße gekehrt – aber weit vor dem Abendläuten, das unüberhörbar den Sonntag einleitete. Doch nicht nur an der äußeren Umgebung vollzog sich die Reinigung. Anschließend ging es ins Bad, wo der Ofen nur am Samstag aus Anlass des bevorstehenden Sonntags aufgeheizt war. Die Spuren der Woche wurden beseitigt, wurden abgewaschen. Das alles mag nach der harten Wochenarbeit seinen unmittelbar einleuchtenden Sinn gehabt haben. Heute, im Rückblick, scheint sich mir darin noch mehr auszudrücken: Solche Reinigungen – des Hauses, der Straße, des eigenen Körpers – hatten den Charakter von Vorbereitungshandlungen, von unbefragten, selbstverständlichen, stets wiederholten Begehungen, die uns auf den Sonntag einstimmten. Auf die Reinigung im Lauf des Vortags folgten am Sonntag die sauberen Sonntagskleider – bei Erwachsenen wie bei Kindern. Frauen und Männer im »Sonntagsstaat«, die Kinder seltsam herausgeputzt. Wie habe ich sie verabscheut, diese weißen Nyltesthemden, die ich – Zeichen des wachsenden Wohlstands in den 50er Jahren –

anziehen musste. Nicht allein, dass sie unangenehm zu tragen waren, nein: Sie waren der sichtbare und fühlbare Ausdruck für einen Tageslauf, der sich schmerzlich von den anderen während der Woche unterscheiden sollte. Kein Spielen draußen auf der Straße mit anderen Kindern, kein Streifen durch die nahegelegenen Wiesen und Büsche; stattdessen der verordnete und geordnete Gang zum Gottesdienst, das gemeinsame Essen am Mittagstisch, reichhaltiger als sonst – und dann, nachmittags, meist ein Erwachsenenprogramm: Besuche in Familien, Spaziergänge, ab und zu allenfalls ein Abstecher auf den Fußballplatz des B-Klasse-Vereins. Immer war dieser Tag anders als die anderen. Und meist war ich froh, wenn er vorbei war. Für die Zeit meiner Kindheit verbindet sich mit ihm das Gefühl unendlicher Langeweile. Das ist ein halbes Jahrhundert her, doch es hat mein Verhältnis zum Sonntag lange – und sei es unbewusst – geprägt.

Vieles hat sich seitdem in der Gestaltung unseres Sonntags verändert, und vieles wird sich, rasanter noch, verändern! Mitten in diesem Wandel lohnt es sich erst recht, sich ausdrücklich auf diesen hervorgehobenen Tag zu besinnen. Es kann daran manches deutlich werden, was unsere Gesellschaft gegenwärtig wie zukünftig bestimmt und auch das kirchliche Leben mit betrifft. Der Umgang mit dem Sonntag ist ein Indikator für unsere Kultur. Wie das im Einzelnen zu verstehen und zu beurteilen ist, davon soll nun die Rede sein.

II. Wie kam es zum Sonntag?

Von alten Kulturen und Religionen wissen wir, dass sie verschiedene Wochenrhythmen kannten: Sie konnten die Woche nach zehn, acht oder auch sieben Tagen zählen (letztere

Einteilung war angelehnt an den Mondumlauf). Meist aber wurde – unabhängig von der Zahl der Wochentage – *ein* Tag besonders hervorgehoben, der sich in seinem Ablauf von den anderen unterschied. Am deutlichsten trat dies im alten Israel zum Vorschein: Der siebte Tag wurde aus dem Ablauf der übrigen Tage ausgesondert und als Ruhetag, als Tag der völligen Arbeitsenthaltung begangen. Eindrücklich ist dafür die Begründung, die der verhältnismäßig junge erste Schöpfungsbericht in der Bibel gibt. Da heißt es:»Und so vollendete Gott am siebenten Tag seine Werke, die er machte, und ruhte am siebenten Tage von allen seinen Werken, die er gemacht hatte. Und Gott segnete den siebenten Tag und heiligte ihn, weil er an ihm ruhte von all seinen Werken, die Gott geschaffen hatte.« (1. Mose 2,2-3)

Nicht also der Mensch als Mann und Frau ist die Krone der Schöpfung, wie man oft hören kann (er wird am sechsten Tag erschaffen!), sondern der Sabbat ist es, an dem Gott ruht. Auf ihn hin läuft das ganze Schöpferhandeln Gottes. Und weil Gott als Schöpfer im Glauben Israels zwischen Werktag und Ruhetag unterscheidet, ja sich selbst diesen besonderen Tag gönnt, darum sind auch wir Menschen verpflichtet, den Sabbat zu achten und einzuhalten. Ganz entsprechend ist darum das Sabbatgebot in 2. Mose 20,8-11 formuliert. Theologisch gesprochen hat der allmächtige Gott den Sabbat nicht»nötig«; er braucht keine Erholungspausen und Ruhezeiten. Aber er nimmt sich die *Freiheit* dazu! Der Sabbat ist Ausdruck der Freiheit Gottes. Wenn selbst Gott sich diesen Tag aussieht – so die Schlussfolgerung –, wie viel mehr ist dann der Mensch dazu aufgefordert, sich ebenso die Freiheit zu nehmen und diesen Tag zu heiligen.

Nebenbei bemerkt: Darin, dass der Mensch auf den Sabbat verpflichtet wird, kommt es zugleich auch zu einer ganz wesentlichen Aussage über ihn. Nicht die Arbeit allein macht das Menschsein aus, sondern auch die Ruhe, die Muße. Wir verdanken uns eben nicht permanenter Arbeitsleistung! Erst später kam zu dem Gedanken des siebten Tages als absolutem Ruhetag auch der Gedanke des zu begehenden Feiertages hinzu: Israel feierte den Sabbat gottesdienstlich als Gedenktag an die Vollendung der Schöpfung und an die Befreiung aus Ägypten.

Die Erzählungen der Evangelien zeigen uns beides: gottesdienstliches Feiern und Forderung der Sabbatruhe – und sie zeigen uns zugleich die Konflikte, die die Forderung nach völliger Arbeitsenthaltung bisweilen auslösen konnte. Denken wir nur an die im Neuen Testament dreifach überlieferte Begebenheit vom »Ährenraufen am Sabbat« (Mk 2,23-28 und Parallelen): Jesus geht am Sabbat mit seinem Schülerkreis an einem Kornfeld entlang. Die Jünger beginnen, Ähren abzureißen, die Körner herauszutrennen und zu essen. So viel feiertägliche Unbeschwertheit kommt bei denen, die die Tora Gottes mit Ernst befolgen, schlecht an. »Es ist nicht erlaubt!«, sagen sie zu Jesus. Der aber antwortet ihnen, nachdem er auf eine biblische Begebenheit mit König David angespielt hat, in großer Souveränität: »Der Sabbat ist um des Menschen willen gemacht und nicht der Mensch um des Sabbats willen.« (Mk 2,27) Damit ist der Konflikt benannt: strikte Befolgung eines grundlegenden Gebotes Gottes oder situationsabhängige Interpretation?

Die frühen Christen übernahmen den Sieben-Tage-Rhythmus, aber sie begingen als ihren besonderen Tag den »ersten Tag« der Woche, den »Herrentag« – ganz entsprechend den Osterberichten, dass Christus am ersten Tag der neuen Woche auferstanden sei. Ein Anklang daran findet sich bis heute noch in den romanischen Sprachen: Der Sonntag heißt dort – weil es der Tag der Auferstehung ist – »Herrentag« (»dies dominica«). Und mit dem Gedanken an die Auferstehung hängt auch zusammen, dass später im germanischen Sprachraum sehr unbefangen die Bezeichnung »Tag der Sonne« übernommen werden konnte – jene Vorstellung eben, dass die Sonne aus dem Dunkel der Nacht heraus aufgeht und Christus die »Sonne der Gerechtigkeit« (Mal 3,20) ist.

Die Christen der beiden ersten Jahrhunderte feierten diesen ersten Tag der Woche frühmorgens oder abends in Christusverkündigung und Christusmahl; tagsüber gingen sie ihrer Arbeit nach. Das macht einen wesentlichen Unterschied aus: Während der Sabbat ursprünglich ein Ruhetag war, der erst allmählich auch gottesdienstlich gefeiert wurde, ist es beim »Herrentag« der Christen umgekehrt: Er war ein Tag gottesdienstlicher Feier neben der täglichen Arbeit, ein Osterfest im kleinen, Tag der Erinnerung, des Nachvollzugs und der Erwartung; erst vom 4. Jahrhundert an wurde er auch zum Tag der Arbeitsruhe. Die Vorstellungen des Sabbats wurden gewissermaßen in die Vorstellungen vom Sonntag aufgesogen. So kam es zu dem, was über Jahrhunderte den christlichen Sonntag ausmachte: zur Sonntagspflicht, die sich einerseits in der Arbeitsenthaltung und andererseits in der Teilnahme am Gottesdienst ausdrückte.

Bei Luther war übrigens der zweite Gesichtspunkt, also der Gottesdienst, der wichtigere: Das biblische 3. Gebot mit seiner langen Begründung raffte er in die wenigen Worte zusammen: »Du sollst den Feiertag heiligen«, und erläuterte sie im Kleinen Katechismus wie folgt: »Was ist das? Wir sollen Gott fürchten und lieben, dass wir die Predigt und sein Wort nicht verachten, sondern dasselbe heilig halten, gerne hören und lernen.« Von der Arbeitsruhe ist interessanterweise nicht die Rede. Für Luther waren es schlicht praktische und soziale Erwägungen, einmal in der Woche zur Erholung einen Tag arbeitsfrei zu geben. Dazu müsse man eben einen bestimmten Tag in der Woche auswählen. Und er fährt dann im Großen Katechismus erläuternd fort: »Weil aber von alters her der Sonntag dazu gestellt ist, soll man's auch dabei bleiben lassen, auf dass es in einträchtiger Ordnung gehe und niemand durch unnötige Neuerung eine Unordnung mache.« Luther ging es also um die angemessene Art und Weise, den ohnehin freien Tag zu begehen und zu gestalten. Das bedeutete, ihn zu »heiligen«.

Stärker durchgesetzt hat sich freilich in der europäischen Kulturgeschichte bis ins vergangene Jahrhundert hinein die reformiert geprägte Anschauung, die die Arbeitsruhe am Sonntag auch mit dem Gebot der Sabbat*ruhe* zu begründen suchte.

Beenden wir diesen Ausflug in die recht verwickelte Geschichte und fassen kurz den Ertrag zusammen. Kennzeichnend für den Sonntag, so wie er in der historischen Entwicklung geworden ist, sind beide Gesichtspunkte: die Unterscheidung zum Werktag einerseits durch die Unterbrechung der Arbeit wie andererseits durch die besondere gottesdienstliche Gestaltung. Inhaltlich bestimmt ist diese Gestaltung vom Osterglauben her, vom Sieg Christi über den Tod. Nicht von ungefähr beginnt daher die Wochenzählung unseres Kirchenjahres immer noch mit dem Sonntag als erstem Tag der Woche, während im offiziellen Kalender – unter angelsächsisch-reformiertem Einfluss – die Woche erst mit dem Montag anfängt und der Sonntag im allgemeinen Bewusstsein inzwischen zum letzten Tag der Woche geworden ist.

III. Herausforderungen der Sonntagsheiligung

Die vergangenen einhundert Jahre sind in Deutschland dadurch gekennzeichnet, dass der Sonntag unter besonderem staatlichen Schutz steht – mit entsprechenden Konsequenzen für das öffentliche wie private Leben. 1919 verfügte die Weimarer Reichsverfassung in Artikel 139: »Der Sonntag und die staatlich anerkannten Feiertage bleiben als Tage der Arbeitsruhe und der seelischen Erhebung gesetzlich geschützt.« Dieser Artikel, der »Ruhe« und »Feier« – historisch sachgemäß – miteinander verbindet, wurde 1949 unverändert ins Grundgesetz übernommen und gilt bis heute.

Freilich besagt diese Feststellung keineswegs, dass es nicht längst auch Ausnahmen gegeben hätte. Natürlich war es in landwirtschaftlich geprägten Gegenden schon immer notwendig, sich am Sonntag sehr aufwendig um das Vieh im Stall zu kümmern. Natürlich gab es schon immer Dienstleistungsbereiche, die auch am Sonntag funktionieren mussten, wie etwa Versorgungs- und Verkehrsunternehmen, und natürlich war der gesamte Bereich des Medizinisch-Sozialen vom Verbot der Sonntagsarbeit ausgenommen.

Was wir seit einigen Jahren erleben, ist aber von ganz anderer Art: Die Bestrebungen bestimmter Interessengruppen laufen letztlich darauf hinaus, den Unterschied von Sonntag und Alltag vollständig einzuebnen. Alles gerät unter das Diktat der Ökonomie. Damit einher geht ein Verlust an gemeinsamer Kultur. Letztes Beispiel dafür: Früher wurde das Auto am Samstag gewaschen, damit es am Sonntag funkelte. In Hessen kann man jetzt sonntags ab 13 Uhr die geöffneten Waschstraßen nutzen, um das Auto für die neue Woche sauber zu bekommen.

Freilich darf es nicht darum gehen, als einsame Rufer die Forderung nach Beachtung der Sonntagsheiligung aufzurichten. Das überzeugt heutzutage niemanden! Gefragt sind vielmehr ansteckende Beispiele für eine Sonntagskultur, die gemeinsame Feier und gemeinsames Leben wie Erleben miteinander verbindet. Ich gestehe gerne, dass mein Nachdenken hier noch nicht ans Ende gekommen ist: Wie können wir die Balance von Feiern und Ruhe, von Aktivität und Entspannung gewinnen, die den Sonntag wieder zum belebenden Herzschlag im Wochenrhythmus macht?

Die Heiligung des Feiertags fängt nicht zunächst bei den anderen, sondern zuallererst bei uns selbst an. Dem Sonntag um Gottes willen und um unser selbst willen sein Recht zurückgeben, hat unter den Bedingungen der um sich greifenden Zweckorientierung etwas »Subversives«, hat etwas von Protest. Die glatten Abläufe werden von denen bewusst unterbrochen, die sich nicht dem Sog von Arbeitsökonomie einerseits und Freizeitökonomie andererseits hingeben. In der sonntäglichen Spannung von Feier und Ruhe steckt eine Widerspenstigkeit gegen alle Verrechnungen. Das zeigt uns die biblische Überlieferung seit dem Sabbatgebot. Diese Widerspenstigkeit sollten wir nicht aufgeben.

Wofür ich also plädiere, geht in eine doppelte Richtung: Einerseits müssen wir die Zeichen der Zeit wahrnehmen und in der Öffentlichkeit deutlich für den Sonntag als arbeitsfreien Tag eintreten. Anderseits ist es unsere Aufgabe, die

Bedeutung des Sonntags für uns selbst neu zu entdecken und ihm eine entsprechend attraktive Gestaltung, eine überzeugende Kultur zu geben. Es lohnt sich: für uns wie für unsere Gesellschaft.

Das Goldene Kalb

2. Mose 32,1-14

01 *Als aber das Volk sah, dass Mose ausblieb und nicht wieder
von dem Berge zurückkam, sammelte es sich gegen Aaron und
sprach zu ihm: Auf, mach uns einen Gott, der vor uns hergehe! Denn wir wissen nicht, was diesem Mann Mose widerfahren ist, der uns aus Ägyptenland geführt hat.*

02 *Aaron sprach zu ihnen: Reißt ab die goldenen Ohrringe an
den Ohren eurer Frauen, eurer Söhne und eurer Töchter und
bringt sie zu mir.*

03 *Da riss alles Volk sich die goldenen Ohrringe von den Ohren
und brachte sie zu Aaron.*

04 *Und er nahm sie von ihren Händen und bildete das Gold in
einer Form und machte ein gegossenes Kalb. Und sie sprachen:
Das ist dein Gott, Israel, der dich aus Ägyptenland geführt
hat!*

05 *Als das Aaron sah, baute er einen Altar vor ihm und ließ
ausrufen und sprach: Morgen ist des Herrn Fest.*

06 *Und sie standen früh am Morgen auf und opferten Brandopfer
und brachten dazu Dankopfer dar. Danach setzte sich das
Volk, um zu essen und zu trinken, und sie standen auf, um
ihre Lust zu treiben.*

07 *Der Herr sprach aber zu Mose: Geh, steig hinab; denn dein
Volk, das du aus Ägyptenland geführt hast, hat schändlich
gehandelt.*

08 *Sie sind schnell von dem Wege gewichen, den ich ihnen*

*geboten habe. Sie haben sich ein gegossenes Kalb gemacht und
haben's angebetet und ihm geopfert und gesagt: Das ist dein
Gott, Israel, der dich aus Ägyptenland geführt hat.*

09 *Und der Herr sprach zu Mose: Ich sehe, dass es ein halsstarri-
ges Volk ist.*

10 *Und nun lass mich, dass mein Zorn über sie entbrenne und
sie vertilge; dafür will ich dich zum großen Volk machen.*

11 *Mose aber flehte vor dem Herrn, seinem Gott, und sprach: Ach
Herr, warum will dein Zorn entbrennen über dein Volk, das
du mit großer Kraft und starker Hand aus Ägyptenland
geführt hast?*

12 *Warum sollen die Ägypter sagen: Er hat sie zu ihrem Unglück herausgeführt, dass er sie umbrächte im Gebirge und
vertilgte sie von dem Erdboden? Kehre dich ab von deinem
grimmigen Zorn und lass dich des Unheils gereuen, das du
über dein Volk bringen willst.*

13 *Gedenke an deine Knechte Abraham, Isaak und Israel, denen
du bei dir selbst geschworen und verheißen hast: Ich will eure
Nachkommen mehren wie die Sterne am Himmel, und dies
ganze Land, das ich verheißen habe, will ich euren Nachkommen geben, und sie sollen es besitzen für ewig.*

14 *Da gereute den Herrn das Unheil, das er seinem Volk zuge-
dacht hatte.*

Um das »Goldene Stierbild« soll es gehen: Damit tauchen
wir zunächst in die Vorstellungswelt des Alten Testament und
seiner Umwelt ein – eine ebenso faszinierende wie in mancher Hinsicht auch fremde Welt. Wir richten den Blick auf
einen Gegenstand, der wegen der Plastizität seiner Erscheinung in modifizierter Begrifflichkeit längst zu einem *geflügelten* Wort geworden ist: das »Goldene Kalb«. Luther sprach

übrigens hintersinnig, die rein werkstoffliche Beschreibung überbietend, vom »gegossenen Kalb«: Der Mensch als homo faber des Objekts seiner Verehrung ist hier gleich mit zu hören.

Die bleibende Geläufigkeit allein schon des Wortes, die bei antiken Tieren nur noch vom »Trojanischen Pferd« erreicht wurde – Letzteres hat mittlerweile sogar Einzug in unseren Computerjargon gefunden –, scheint vordergründig meine Aufgabe zu erleichtern. Der Weg zu den zeitgenössischen Nachfahren des Stierbildes, den »neuen Göttern«, wäre dann nicht weit. Man könnte zudem auf seine bedeutende ästhetische Rezeption verweisen – etwa auf der Opernbühne in Arnold Schönbergs unvollendetem *opus magnum* »Moses und Aron«.

Ungebrochene Popularität bedeutet allerdings auch ein Problem: Zeitgenössisches Vorverständnis oder aktuelle Deutungsversuche drohen Sinn und Absicht des biblischen Textes zu verdunkeln. In den Mittelpunkt rückt der sprichwörtliche »Tanz ums Goldene Kalb«, der vielerlei Assoziationen weckt, freilich auch dazu verleitet, unseren Horizont vorschnell mit dem der biblischen Erzählung zu verschmelzen.

Ich will diesem Problem so begegnen, dass ich (I.) den Stier oder das Kalb – man gestatte mir das Bild – exegetisch bei den Hörnern packe und die Episode in einen größeren Kontext des Exodusgeschehens einordne. Sodann gehe ich (II.) auf die Frage ein, welche Valenzen in dieser biblischen Begebenheit stecken, um schließlich (III.) und (IV.) in zwei Richtungen zu Überlegungen zu kommen, ob hinter der biblischen Geschichte und heutigen Fragen wenn schon nicht eine Kontinuität, so doch eine strukturelle Verwandtschaft menschlichen Denkens und Handelns besteht.

I. Beobachtungen zum Text

Der Rede vom »Goldenen Kalb«, der goldenen oder zumindest vergoldeten Skulptur eines Jungstiers, haftet bei genauer biblischer Lektüre etwas Anachronistisches an. Die Episode in 2. Mose 32 antizipiert ein späteres Ereignis oder eine spätere Phase israelitischer Geschichte: Von zwei »Goldenen Kälbern« des Königs Jerobeam, des ersten Königs des Nordreichs, wird in 1. Kön 12 berichtet, von ihrer Verortung in Beth-El und Dan (12,29) und auch vom praktizierten Kultus des Königs (12,32). Es ist dies die Zeit unmittelbar nach dem Schisma zwischen Nord- und Südreich, zwischen Israel und Juda, also eine Krisenzeit. Der von den zehn Stämmen installierte neue König versucht, durch den Kälber-Kultus seiner Entmachtung durch den legitimen Erben Salomos, Rehabeam, zu entgehen – ein Plan, der tatsächlich kurzfristig aufgeht. Langfristig gesehen führt diese *praxis pietatis* allerdings zum Untergang Jerobeams und des Nordreichs. So sieht es bereits ein namenloser Prophet vorher (1. Kön 13,1 3). Der Abfall vom Gott Israels wird mit dem Verlust politischer Macht, ja mit dem des eigenen Lebens bestraft.

Dies ist nun – pauschal gesagt – die Perspektive der deuteronomistischen Bewegung, der wir nach weitgehend übereinstimmender Meinung der Ausleger auch die Episode vom »Goldenen Kalb« im Buch Exodus verdanken. Will man ihre Integration dort nicht nur als schmückendes Beiwerk verstehen, was sich gewiss verbietet, so ist zu fragen, welche Bedeutung sie im Kontext der Exodusgeschichte hat. Was hat die Redaktoren bewogen, die Geschichte vom »Goldenen Stierbild« gerade hier einzufügen? Bei einem Antwortversuch sollte stets im Blick behalten werden, welch komplexes literarisches Gefüge uns im 2. Mosebuch im Zusammenhang der Geschichte vom »Goldenen Stierbild« entgegentritt. Kurz sei an den Aufriss der zweiten Hälfte des Buches Exodus erinnert: Ankunft des Volkes am Sinai (Kap. 19), die Zehn Gebote (Kap. 20), das Rechtscorpus des »Bundesbuches« (Kap. 20,22–23,19), der Bundesschluss am Sinai (Kap. 24), umfangreiche Vorschriften für den Bau, die Ausstattung und priesterliche Versorgung der »Stiftshütte« als Heiligtum (Kap. 25-31), das Goldene Stierbild und die Folgen (Kap. 32-33), die neuen Gesetzestafeln (Kap. 34) und schließlich die Durchführung der Errichtung der Stiftshütte (Kap. 35-40).

Es liegt unmittelbar nahe, die Erzählung vom »Goldenen Stierbild« auf den Dekalog – und hier besonders auf das erste und zweite Gebot in der Version des Exodus-Buches (2. Mose 20,2-6) – zu beziehen: »Ich bin der Herr, dein Gott, der ich dich aus Ägyptenland, aus der Knechtschaft, geführt habe. Du sollst keine anderen Götter haben neben mir. Du sollst dir kein Bildnis noch irgendein Gleichnis machen, weder von dem, was oben im Himmel, noch von dem, was auf Erden, noch von dem, was im Wasser unter der Erde ist. Bete sie nicht an und diene ihnen nicht. Denn ich, dein Gott, bin ein eifernder Gott, der die Missetat der Väter heimsucht bis ins dritte und vierte Glied an den Kindern derer, die mich hassen, aber Barmherzigkeit erweist an vielen Tausenden, die mich lieben und meine Gebote halten.«

Gebot, Sanktionsdrohung und Verheißung also – und um die Brücke zum »Goldenen Stierbild« zu schlagen, folgt auf die Verkündung von Gottes Gebot (interpoliert durch andere Texte) im chronologischen Anschluss und noch am selben

Ort postwendend der Verstoß[1]. Dass mit der Herstellung und Anbetung des »Goldenen Kalbes« unmittelbar gegen das erste und zweite Gebot verstoßen wird, ist offenkundig – zumal in der pointierten Position und Bewertung dieser Verstöße durch die deuteronomistische Bewegung. Doch ist auf die Platzierung der Geschichte, ihre historische Einordnung im Zuge ihres literarischen Werdens noch genauer zu achten, um ihren weitreichenden Sinn, ja letztlich von daher das Spezifikum des Glaubens an den biblischen Gott zu betrachten.

Dass die Zehn Gebote – und ihnen folgend die Geschichte vom »Goldenen Stierbild« – im Zusammenhang des 2. Mosebuches stehen, verbindet sich mit einer bestimmten Intention. Der Auszug aus Ägypten und der Abfall durch Anfertigung und Anbetung des »Goldenen Kalbes« sind aufeinander bezogen – nicht nur im Sinne eines gemeinsamen historischen Kontextes, sondern als theologische Dimension.

II. Das »Goldene Stierbild« und der befreiende biblische Gott

Erhellend hat sich der Systematiker Jan Milič Lochman in seinem luziden, dabei höchst unprätentiösen Buch »Wegweisung der Freiheit. Abriss der Ethik in der Perspektive des Dekalogs«[2] geäußert. Er unterzieht den ersten Teil des ersten Gebotes einer genauen Untersuchung: »Ich bin der Herr,

---

1 Parallele Muster sind uns durchaus vertraut; man denke etwa an die Geschichte von Paradies, Sündenfall und Vertreibung (1. Mose 2,15-17; 3,1-24).
2 Gütersloh 1979.

dein Gott, der ich dich aus Ägyptenland, aus der Knechtschaft, geführt habe.« (2. Mose 20,2) Zumeist wird dieser
»Vorsatz«, so konstatiert Lochman, »als ein bloßer Rahmen-
satz behandelt, der das Eigentliche, die Gebote, bloß
begleitet«[3]. Diese Beobachtung hat einiges für sich: Die Ein-
leitungspassage wird tatsächlich kaum wahrgenommen, weder in der herkömmlichen biblischen Ikonographie beider
Gesetzestafeln noch dort, wo Luthers Kleiner Katechismus
Einzug gefunden hat, obwohl es sich doch um das entscheidende Vorzeichen all dessen handelt, was folgt. Um es in
verfassungsrechtlicher Diktion zu sagen: Es ist die Präambel
der göttlichen Gebote!

Die zentrale Bedeutung dieser Präambel wird augenfällig,
wenn man sie in der Synopse zur Episode vom »Goldenen
Stierbild« liest: Das Volk selbst charakterisiert das soeben auf
Initiative von Moses Bruder Aaron aus dem Schmuck der
Israeliten gegossene Objekt der Anbetung so: »Dies ist dein
Gott, Israel, *der dich aus Ägyptenland geführt hat.*« (2. Mose
32,4.8) Der Gedanke an den biblischen Gott ist auch hier
wesentlich an den Gedanken der Befreiung, konkret: der
Rettung aus der ägyptischen Sklaverei, gebunden.

Entsprechendes gilt für 2. Mose 20,2: »Ich bin der Herr,
dein Gott, der ich dich aus Ägyptenland, aus der Knechtschaft, geführt habe« – mit dieser Präambel wird die Freiheit
eingeläutet, und von diesem Ausgangspunkt her sind alle
zehn Gebote zu verstehen. An den beiden ersten soll dies
veranschaulicht werden.

Das erste Gebot lautet bekanntlich: »Du sollst keine anderen Götter haben neben mir.« (2. Mose 20,3) In zeitge-

---

3 Ebd., S. 19.

nössischen Ohren mag diese Formulierung wie eine knebelnde Exklusivklausel klingen. Im Anschluss an die Ereignisse des 11. September 2001 ist dem Monotheismus pauschal vorgeworfen worden, Nährboden der Intoleranz und damit der religiös motivierten und legitimierten Gewalt zu sein. Dies freilich ist ein grundlegender Irrtum. Das erste Gebot ist gerade – ich bediene mich noch einmal eines Bildes aus dem Computerjargon – die »Firewall« gegen die Attacken der falschen Götter. Es ist Garant einer ansonsten permanent gefährdeten Freiheit – und diese Gefährdung besteht von Anfang an. Man braucht gar nicht erst den Ergebnissen der Religionswissenschaft zu folgen, um zu erkennen, dass die Intention des ersten Gebotes nicht in einer akademischen Propagierung des Monotheismus in Israel und in späteren Zeiten liegt. Es geht vielmehr »um das Bewahren des Bundes, um das Bewähren der Treue in der Situation der realen Verführung, also um eine klare Absage an die real drohenden und verlockenden ›anderen Götter‹«[4].

Zum zweiten Gebot: Man hat das »Bilderverbot« seit alters her als israelitische Spezialität bezeichnet, zunächst mit Blick auf das heidnische Umfeld, in dem der Bildkultus oft eine bedeutende Rolle spielte. Der Verzicht auf das Gottesbild konnte aus der Fremdwahrnehmung heraus als »jüdische Barbarei« oder gar als »Atheismus« gebrandmarkt werden; andere Zeiten haben den bildlosen Kultus als »fortschrittlich« gelobt. Dem hat bereits Gerhard von Rad deutlich widersprochen: »Ausgehend von einer ganz allgemeinen und ganz unalttestamentlichen Entgegensetzung von Sichtbarem und Unsichtbarem, von Dinglichem und Geistigem glaubte man

---

4   Ebd., S. 32f.

das zweite Gebot als den Ausdruck einer besonderen Geistigkeit des Gottesdienstes verstehen zu müssen, als die beispielhaft wichtige Überwindung eines geistigen und kultischen Primitivismus, also als das Erreichen einer entscheidenden Erkenntnisstufe in der Erziehung des Menschengeschlechtes.«[5]

Diese angetragene Modernität ist also ein Irrtum, zumal Gott gerade in der Formulierung des zweiten Gebotes (»Ich bin ein eifernder Gott«, 2. Mose 20,5) und im Verlauf der Geschichte vom »Goldenen Stierbild« (Gott als Verhandlungspartner des Mose, 2. Mose 32,7-14) handfeste bildhafte, anthropomorphe Züge verliehen werden. Vielmehr geht es beim Bilderverbot um die Freiheit von Gott und Mensch. Wie ist das gemeint?

Zum einen: Gott ist Gott – und Welt ist Welt. Gott ist in den Gestalten dieser Welt nicht zu fassen. Im Bildkult hingegen wird die Grenze zwischen Gott und Welt verwischt; Schöpfer und Geschöpf (sei es als Natur, sei es Kultur) drohen verwechselt zu werden. Die Weigerung, dem eingeforderten Bildkultus zu folgen, ist bekanntermaßen Juden wie Christen der Antike zum Anlass des Martyriums geworden.

Zum anderen signalisiert das Bilderverbot: Deus·semper maior. Er kann nicht in Bilder gefasst und darin beschworen werden – erst recht nicht, denken wir an die Ursünde des »Goldenen Stierbildes«, durch von Menschenhand Geschaffenes. Arnold Schönberg, auf dessen Opernfragment »Moses und Aron« ich mich bereits bezog, hat dies in einem früheren Werk so formuliert: »Du sollst dir kein Bild machen! Denn

---

5 Gerhard von Rad, Theologie des Alten Testaments, Bd. 1, München [7] 1978, S. 226.

ein Bild schränkt ein, begrenzt, fasst, was unbegrenzt und unvorstellbar bleiben soll.« (»Vier Stücke für gemischten Chor«, op. 27)

Die menschliche Bildhauerei widerspricht also nicht nur der Freiheit des biblischen Gottes; sie gefährdet die Freiheit des Menschen selbst. Es kommt nicht von ungefähr, welche Relevanz, ja im übertragenen Sinne »fesselnde« Qualität und Macht, die Bilder in der heutigen Medienwelt haben. Mit Blick auf den Verstoß gegen das zweite Gebot und das ihm innewohnende Gefahrenpotential kann man – beginnend mit dem »Goldenen Stierbild« – nur sagen: »vestigia terrent« – Die Spuren schrecken ab.

III. Das »Goldene Stierbild« als Bild des Urabfalls und seine zeitgenössischen Nachfahren

Das »Goldene Stierbild« kann als Bild des »Urabfalls, der sich im Augenblick der für Israel entscheidenden Offenbarung Gottes am Sinai ereignet«[6], gelten. Dafür eignet es sich schon phänotypisch ausgezeichnet, denn es verkörpert in sich anschaulich die Vielschichtigkeit des Götzentums. So ist ja das »Goldene Kalb« zum geflügelten Wort bis in unsere Tage geworden. Drei signifikante Aspekte lassen sich an ihm ablesen.

1. Wohl am ehesten, nicht zuletzt in der Wendung vom »Goldenen Kalb«, ist hier an die *Vergötterung des Geldes oder der Ökonomie* zu denken. Sinnigerweise steht – wenn

---

6 Die Religion in Geschichte und Gegenwart, 3. Aufl., Bd. 2, Sp. 1689.

auch mit anderem Symbolgehalt versehen – ausgerechnet vor der Frankfurter Börse die Skulptur eines Stiers, die zumindest für biblisch Bewanderte unterschwellig die Konnotation zu 2. Mose 32 eröffnen könnte. »Gott oder Geld« ist ein durchgängiges biblisches Thema. Erinnert sei etwa an Jesu Alternative aus der Bergpredigt: »Ihr könnt nicht Gott dienen und dem Mammon« (Mt 6,24) oder die lapidare Feststellung des Apostels: »Geldgier ist eine Wurzel alles Übels« (1. Tim 6,10).

Freilich wird man es nicht bei einer individualethischen Betrachtung belassen dürfen. Die Allgegenwart und vorgebliche Allmacht des Ökonomischen, sein Anspruch, Maßstab und Zweck allen menschlichen Handelns zu sein, bestimmen tatsächlich wesentlich die Strukturen des politischen, gesellschaftlichen (und bisweilen auch des kirchlichen) Handelns und sparen keinen Bereich aus, selbst den des Privaten nicht. Täuscht der Eindruck, dass heute dem Ökonomischen eine kaum mehr hinterfragbare, geradezu naturwüchsige oder schicksalhaft hinzunehmende Dignität beigemessen wird? Nicht von ungefähr werden mittlerweile die stündlich zu hörenden Börsennachrichten unmittelbar vor dem Wetterbericht platziert. Wen wundert es da, dass die Zentralen der Banken die früheren Sakralgebäude überbieten und in den Schatten stellen und Shopping-Malls in ihrer architektonischen Dramaturgie zu neuen Kult-Orten werden? Wo aber Gott durch die Gier nach dem Gewinn ersetzt wird, führt dies nicht zu einem Zugewinn an Freiheit, sondern geradezu in das genaue Gegenteil: in eine völlige Abhängigkeit.

2. Ein weiterer Aspekt zum Stichwort »Stier« als Symbol für Kraft und Stärke bezieht sich auf die Gefahr der *Vergötterung militärischer Macht.* Auch hier fällt der Kommentar der Bibel kritisch aus. Die Begrenztheit menschlicher Macht gegenüber dem befreienden Handeln Gottes wird gerade in der Exodusgeschichte in der Errettung am Schilfmeer, im Triumph gegen den verstockten Pharao als dem Repräsentanten irdischer Macht und einer Emanation des Göttlichen auf Erden anschaulich: »Ich will dem Herrn singen, denn er hat eine herrliche Tat getan; Ross und Mann hat er ins Meer gestürzt« (2. Mose 15,1), heißt es im Meerlied des Mose. Exodus und Sinai – das scheint von unserer Welt zunächst weit weg zu sein. Die Erfahrung des Machtanspruchs totalitärer Herrschaftssysteme im vergangenen Jahrhundert, deren Exponenten bei offiziell atheistischer – oder zumindest antibiblischer – Ideologie gottähnliche Verehrung für sich beanspruchten (und auch oft genug empfingen), führt uns in unsere Gegenwart. Militärische Macht und ihre Anwendung drohen zur letzten Instanz zu werden – und zwar als Reaktion auf einen religiös begründeten Terrorismus, der sich als Vollstrecker göttlichen Willens geriert. Die Heilsversprechen, mit militärischer Macht Sicherheit und Frieden in einem umfassenden Sinn zu erreichen und erhalten, trügen jedoch erfahrungsgemäß – und dennoch gibt es immer wieder die Verführung dazu, weil ihr Sog stark ist.

3. Neue Horizonte verspricht schließlich der letzte Aspekt, für den das gegossene Stierbild steht. Im Kontext des Alten Testaments und des Alten Orients ist es der Gedanke der *Fruchtbarkeit,* der in der biblischen Tradition eine

durchaus positive Wertung erfahren kann – man denke an die Verheißung der Nachkommenschaft in den sogenannten Vätergeschichten (1. Mose 12,2; 13,16; 18,18; 26,4; 28,14). Nicht nur die Versorgung im Alter, auf die sich das vierte Gebot (2. Mose 20,12) bezieht, sondern auch der Fortbestand der Sippe oder des Volkes waren zu jener Zeit gefährdete Größen. Die gegenwärtigen Probleme eines schier unbegrenzten Wachstums der Weltbevölkerung konnten damals nicht im Blick sein. Heutzutage allerdings, wo Fertilität und Sexualität durch Empfängnisverhütung und die Möglichkeiten der modernen Reproduktionsmedizin auseinanderfallen, wird man die Frage differenzierter betrachten müssen. Kulturkonservative Kreise – auch in der Kirche – klagen über eine *Vergötterung der Sexualität* durch deren schrankenlose Liberalisierung. Man wird dieser Kritik insofern ein gewisses Recht beimessen, als man tatsächlich in vielen Bereichen der Gesellschaft eine Pan-Sexualisierung feststellen kann, die freilich alle Beteiligten wohl weniger glücklich macht als vielmehr unter neuen Leistungsdruck stellt und dadurch auch Frustrationen schafft.

Weitreichender in den Folgen scheint mir in diesem Zusammenhang indes die Genese eines *Vitalitätskultes* zu sein, der Hand in Hand mit rasanten wissenschaftlichen Erkenntnissen und Möglichkeiten geht. Dabei mag man den seit einigen Jahren zu beobachtenden, ökonomisch ausgesprochen ertragreichen »Wellness-Trend« noch als harmlos einschätzen. Eine gefährliche Potenz als letztgültiger Maßstab entfaltet der Gesundheits- und Vitalitätskult derzeit in der ethischen Debatte über Anfang und Ende des Lebens: Wenn bei künstlicher Befruchtung entstandene Embryonen zur beliebigen Verfügungsmasse der Forschung gemacht werden, wenn durch PID potentiell behindertes Leben von vornherein der negativen Selektion anheimfällt und am Ende des Lebens der Tod nicht mehr natürlich eintritt, sondern dem Sterben aktiv nachgeholfen wird – vorgeblich aus Menschenfreundlichkeit, tatsächlich aber, um sich eines »Problemfalls« zu entledigen –, zeigt die Vergötzung der Vitalität ihre Kehrseite. Und das ist das Befangen-Sein in einem biologischen Machbarkeitsdenken, das sich im Grunde eher als lebensfeindlich denn als lebensfördernd erweist.

Gerade am letzten Beispiel zeigt es sich, dass die drei genannten Formen der Vergötzung nicht isoliert voneinander gesehen werden können; sie bedingen und stützen sich wechselseitig: Es sind schließlich und endlich ökonomische Gründe, die ungeborenes, behindertes Leben und das Leben an seinem Ende bedrohen und die Würde des von Gott geschaffenen Lebens in Frage stellen. Verführerisch sind die zeitgenössischen Nachfahren des »Goldenen Kalbes« nicht zuletzt deshalb, weil sie versprechen, Freiheit zu ermöglichen oder zu sichern, tatsächlich aber massive Opfer fordern, die Freiheit letztlich gefährden.

IV. Von »Totsagern« und »Ersatzbildungen«

Diese drei Aspekte mögen als Exempel für die zeitgenössischen Nachfahren des »Goldenen Stierbildes« genügen. Worin aber sind seine geistigen, ideologischen Wurzeln begründet? Auf diesen Mechanismus hat in erhellender Weise – und in unausgesprochener, aber unübersehbarer Nähe zur biblischen Geschichte vom »Goldenen Stierbild« – der Dresdner Philosoph Thomas Rentsch hingewiesen.[7]

Rentsch konstatiert für die Gegenwart tiefgreifende Fehlentwicklungen und Missverständnisse im Bereich der vernünftigen Selbstverständigung. Diese lassen sich an zwei Syndromen festmachen, die zu einem vagen und diffusen Klima der Desorientierung und Unübersichtlichkeit beitragen. Das erste Syndrom ist das »Totsagen«, das zweite die »Ersatzbildung«. Den Verfassern des Buches Exodus hat Rentschs Vortrag nicht vorgelegen, und doch berichten sie in der Episode vom »Goldenen Kalb« von genau diesen Syndromen: »Als aber das Volk sah, dass Mose ausblieb und nicht wieder von dem Berg zurückkam, sammelte es sich gegen Aaron und sprach zu ihm: Auf, mach uns einen Gott, der vor uns hergehe! Denn wir wissen nicht, was diesem Mann Mose widerfahren ist, der uns aus Ägyptenland geführt hat.« (2. Mose 32,1) Das »Totsagen« des Mose, der zumindest verschollen ist, und seines Gottes und der Wunsch nach »Ersatzbildung« gehen hier Hand in Hand. Am Ende steht das »Goldene Stierbild«, gegossen und angebetet.

Dieser Mechanismus hat seine Nachfahren bis in unser Jahrhundert gefunden. Die Belege, die Thomas Rentsch bei-

---

7 »Gott – Religion – Wissenschaft. Über Differenzierungen im Begriff der Aufklärung.« Vortrag anlässlich der Eröffnung des »Hans-von-Soden-Instituts für theologische Forschung« an der Philipps-Universität Marburg am 1. Dezember 2003, jetzt gedruckt als: Der moderne Wissenschaftsbetrieb und die alte Gottesfrage, in: Gott und die Wissenschaften. Evangelischer Hochschuldialog und Ringvorlesung Wintersemester 2004-2005 Friedrich-Alexander-Universität Erlangen, hg. v. Hans Jürgen Luibl u. a., Münster 2007, S. 20-33 (Evangelische Hochschuldialoge 1).

spielhaft anführt, sind einschlägig: Der prominenteste Totgesagte ist bekanntlich Gott selbst; den Tod des Christentums behauptete Nietzsches Freund Franz Overbeck. Es folgte – bei unterschiedlichen ideologischen Voraussetzungen – die Ansage von Tod und Ende der bürgerlichen Gesellschaft. Die bürgerlichen Apokalyptiker des 20. Jahrhunderts wiederum propagierten das Ende des Menschen oder zumindest des Abendlandes. Auch nach der Zeit der Terror-Regime ging das Totsagen weiter – ob als Tod des Individuums (»Dialektik der Aufklärung«) oder aber in französischer Prägung als »Tod des Subjekts«. Da konnte der »Tod der Moderne« nicht lange auf sich warten lassen. Und schließlich wurde gar das »Ende der Geschichte« behauptet. Die Reihe ließe sich fortsetzen. Das Problem ist freilich: Wenn Gott und Mensch, Schöpfer und Geschöpf angeblich tot sind, gibt es nichts mehr, was totgesagt werden könnte.

Tatsächlich hat es deshalb seit Beginn des Totsagens stets Substitute oder Surrogate des Absoluten gegeben. Dazu zählen Rasse und Klasse, Volk und Nation, Machtblöcke, der Fortschritt, aber auch das Individuum. Sie alle haben sich als Nachfahren des »Goldenen Stierbildes« erwiesen – als gefährlich und untauglich zugleich. Gefährlich und untauglich erscheinen mir gegenwärtig vor allem die pseudo-religiösen und pseudo-metaphysischen Ansprüche von Wissenschaften auf der einen und subjektivistisch-irrationale Strömungen mit oft fundamentalistischen Ansprüchen auf der anderen Seite. Das Beunruhigende dabei ist: Hybride Wissenschaftsgläubigkeit und Fundamentalismus, globalisierte Ökonomie und irrationaler religiöser Dogmatismus ergänzen sich zu einer fatalen Abwärtsspirale und zeigen sich als zwei Seiten einer Medaille. Was aber kann hier helfen?

Die philosophische Herangehensweise antwortet darauf in bester Tradition mit Kritik. Sie zeigt sich nach Thomas Rentsch einerseits in der Kritik irreführender Depotenzierung von Sinn wie andererseits in einer Neubestimmung authentischer, glaubwürdiger und verlässlicher Orientierung. Gefragt sei »eine neue Topik, eine neue Architektonik der möglichen Vernunftansprüche, um eine klare Übersicht über die grundlegenden Möglichkeiten und Grenzen unserer Erkenntnis zu gewinnen.«[8] Rentsch plädiert für eine »Tiefenaufklärung«, an deren Ende Erkenntnisse stehen können, die dem Glauben an den biblischen Gott – nicht zuletzt auf dem Hintergrund der Geschichte vom »Goldenen Stierbild« – ausgesprochen nahe sind:

1. *Geschöpflichkeit*
»Zu den unverfügbaren, transpragmatischen Sinnbedingungen all unserer Vernunft und Praxis gehört fundamental das, was die Bibel Geschöpflichkeit, Kreatürlichkeit nennt. Die grundlegende praktische Einsicht ... ist die, dass wir uns nicht geschaffen, gemacht, hergestellt haben, sondern dass wir – bei allen wissenschaftlichen Erklärungsmöglichkeiten – auf letztlich unerklärliche Weise da sind.«[9] Für den biblischen Glauben sind all diese »unvordenklichen Sinnbedingungen«[10] das Werk des dem Geschöpf entzogenen Schöpfers, der eben nicht in Form und Bild gebannt werden kann.

---

8   Rentsch, S. 23.
9   Ebd., S. 27.
10 Ebd., S. 28.

2. Fehlbarkeit

Neben der Perspektive der Kreatürlichkeit ist nach Rentsch die »praktische Einsicht in die strukturelle Fehlbarkeit des Menschen und ihr katastrophisches Gewaltpotential«[11] zu nennen. Theologisch gesagt geht es um die Disposition zur Sünde. Im Kontext der Geschichte vom »Goldenen Stierbild« erscheint sie in zweierlei Gestalt: Zum einen ist die Annahme, Mose (und somit Gott) sei – wenn nicht tot, so doch – verschollen, Unglaube; zum anderen stellen Erzeugung und Anbetung des Kalbes einen Verstoß gegen Gottes Gebote dar. Doch bereits die Verkündung der Zehn Gebote selbst in der Übergabe am Sinai ist Ausdruck göttlich fundierter Einsicht: Der Mensch ist fehlbar – potentiell und real.

3. Bedürftigkeit

Abschließend nennt Rentsch die »Perspektive fundamentaler menschlicher Bedürftigkeit«[12]. In der Exodusgeschichte – und speziell in der Geschichte vom »Goldenen Stierbild« – ist es Gott selbst, der sich dem hilflosen Volk zuwendet, Freiheit und Zukunft eröffnet und, auch wenn es gegen ihn sündigt, auf die Fürbitte anderer hin die Sünde vergibt. Die Geschichte vom »Goldenen Stierbild« endet bekanntlich nicht in der eigentlich angedrohten und daher zu erwartenden Vernichtung; sie endet für das irrende Volk mit einem – gewiss holprigen und keineswegs schmerzfreien – Happy End. Der Weg ins gelobte Land, der Zug in die Freiheit geht weiter.

---

11 Ebd., S. 30.
12 Ebd., S. 31.

Das ist auch für unsere Zeit zu hoffen, in der wir nicht nur Zeugen der Nachfahren des »Goldenen Stierbilds« sind, sondern – mal mehr, mal weniger – in dessen fortwährende Herstellung und Anbetung verstrickt sind. Dies selbstkritisch zu erkennen, ist der erste Schritt der Umkehr, um Gott, der aus menschengemachter Knechtschaft befreit, Glauben zu schenken und ihn, wie es Luther in seinem Kleinen Katechismus in den Erklärungen zu jedem der Zehn Gebote sagt, zu fürchten und zu lieben – über alle Dinge, sie mögen golden glänzen oder nicht.

Hanna

1. Samuel 2,1-10

I.

Einst lebte ein Mann aus Ramatajim, ein Zufiter vom Gebirge Efraim. Er hieß Elkana – mit diesen Worten beginnt das Erste Buch Samuel, das im Alten Testament zu den sogenannten »Prophetenbüchern« zählt und doch mehr ist als die Biographie eines großen Propheten: Es beschreibt Geschichte, und zwar die Geschichte der Entstehung des Königtums in Israel – aber nicht als historischer Abriss trotz aller genauen geographischen Verortung, sondern als Geschichtenbuch.

Wie bei jeder Geschichte, bei jedem Ereignis gibt es eine Vorgeschichte. Diese Vorgeschichte beginnt im Kleinen, unscheinbar, hat Namen und Gesichter. Sie wirft keine großen Schatten voraus, und doch gewinnen wir bereits hier eine Ahnung, dass in den bescheidenen, fast beliebig wirkenden Anfängen der Keim für etwas Bedeutungsvolles schlummert.

Einst lebte ein Mann aus Ramatajim – das entführt uns in eine Welt, die nicht die unsere ist, sondern an fremde und gerade deshalb so reizvolle orientalische Märchen wie die aus »Tausendundeiner Nacht« erinnert. »Es war einmal«, kommt uns in den Sinn, und es scheint, als wäre zwischen dem, was uns erzählt wird, und unserer heutigen Lebenswelt ein unendlicher, nicht zu überbrückender Abstand. Es stimmt: Die Distanz ist groß, und die Fremdheit der Welt, der wir begegnen, bleibt bestehen. Aber dennoch werden wir spüren, dass es um uns geht. Denn darin liegt das Geheimnis biblischer Erzählungen: Sie sind nach vorne hin offen. Sie konstatieren nicht bloß etwas Gewesenes, sondern beschreiben Geschichte als einen Raum, in dem Gott fortwährend wirkt und der deshalb auch uns umfasst. Sie wollen gewiss auch Kenntnis geben von vergangenen Geschehnissen, aber mehr noch Vertrauen wecken in Gottes Handeln. In Gott rücken die Zeiten zusammen. In ihm sind wir jenen Menschen sehr nahe, von denen uns das Erste Samuelbuch erzählt.

»Einst lebte ein Mann« – damit ist der Blick eröffnet, der sich auf die bald folgende Geschichte richtet: Es ist der männliche Blick. Männer scheinen Geschichte zu machen und zu bestimmen. Am Anfang war der Mann, könnte es pointiert lauten. Aber was sich vermeintlich im Ersten Samuelbuch nur wiederholt, wird bald durchbrochen. Nicht um Elkana wird es gehen, den »Zufiter vom Gebirge Efraim« – er spielt keine Hauptrolle in dem ganzen Drama, das sich entfaltet –, sondern um eine seiner beiden Frauen: um Hanna. Sie steht zunächst im Mittelpunkt. Und um das Leid dieser Frau in seiner ganzen Tiefe ermessen zu können, müssen wir uns in die Vorgeschichte hineinbegeben und uns Hannas Geschick vergegenwärtigen – und damit die soziale Situation, in der sie lebt.

II.

Die Bestimmung einer Frau war es, Kinder zu gebären, wenn möglich viele, und wenn möglich viele Söhne, »Stammhalter«, damit das Weiterleben der Familie und der eigene Unterhalt im Alter gesichert war. Hannas Schicksal ist es, unfruchtbar zu sein. Auf ihr allein lastet der ganze Druck der

Unfruchtbarkeit. Denn Elkana, ihr Mann, hat eine zweite Frau. Peninna heißt sie, und mit ihr hat Elkana Söhne und Töchter. Eine klassische und zugleich grausame Konstellation: ein Mann, zwei Frauen, die eine mit Kindern, die andere ohne. Da mag Elkana Hanna, die Kinderlose, noch so sehr liebhaben – an ihrer hoffnungslosen Lage ändert das überhaupt nichts. »Kinder sind eine Gabe des Herrn«, lesen wir in Ps 127,3. Diese wichtigste Gabe im Leben, so muss Hanna folgern, enthält Gott ihr vor. Peninna, die andere, fühlt sich ihr himmelhoch überlegen – und lässt sie dies spüren: Sie »kränkte und demütigte sie sehr, weil der Herr ihren Schoß verschlossen hatte« (1. Sam 1,6). So ist das: Zum Gefühl der Gottverlassenheit gesellt sich der Spott der »erfolgreichen Rivalin«. Beides zusammen ist zum Heulen – und nach nichts anderem ist Hanna zumute.

Jahr für Jahr zieht die Großfamilie zum Heiligtum nach Schilo, um dort Gott anzubeten und zu opfern. Und jedes Mal nutzt Peninna die Gelegenheit, Hanna zu demütigen. Am Ort Gottes verspürt Hanna am meisten die Ferne Gottes. Da hilft kein schwacher Trost ihres Mannes. Sie ist – rechtlich gesehen – solange keine Frau, wie ihr der Kinderwunsch versagt bleibt. Mit ungemein großem Einfühlungsvermögen schildert uns das Erste Samuelbuch Hannas innere Not: wie sie weint, nichts isst, wie ihr Herz betrübt ist. Die ganze Trostlosigkeit breitet sich vor uns aus.

Dann aber, unvermutet, wird die lähmende Lethargie durchbrochen. Hanna ergreift die Initiative: Sie »stand auf und trat vor den Herrn« (1. Sam 1,9). Noch hat sich überhaupt nichts an ihrem Schmerz und Leid geändert, sie ist weiterhin verzweifelt, sie weint fortwährend – aber sie beginnt zu beten. Wenn Gott es ist, der ihren Leib »verschlossen« hat, dann kann auch nur er ihn öffnen. Und so murmelt sie ein Gebet, das ihre Hoffnungslosigkeit ausdrückt und zugleich ein großes Versprechen enthält: »Herr der Heere, wenn du das Elend deiner Magd wirklich ansiehst, wenn du an mich denkst und deine Magd nicht vergisst und deiner Magd einen männlichen Nachkommen schenkst, dann will ich ihn für sein ganzes Leben dem Herrn überlassen.« (1. Sam 1,11)

Was für Worte! Von Gott nichts sehnlichster zu wünschen als einen Sohn, um ihn dann sogleich an ihn zurückzugeben. Wir könnten kritisch zurückfragen: Das Kind nicht um des Kindes willen, sondern wegen des sozialen Status, der sich für Hanna mit der Geburt eines Sohnes zum Guten verändert? Der Sohn als Mittel zum Zweck, um sich endlich der eigenen Schmach entledigen zu können? Fast scheint es so: Fast sieht es aus, als ginge es Hanna nur darum, ihre vermutete Gottesferne durch die Geburt eines Sohnes zu widerlegen und es allen zu zeigen: Ich bin eine Frau – nicht nur von Gestalt und Empfindung, sondern mit allem, was dazu gehört, auch mit meiner Fruchtbarkeit: Ich will einen Sohn zur Welt bringen.

So könnte die Geschichte schnell weitergehen – zum Happy End einer Geburt. Aber das Erste Samuelbuch baut kunstvoll ein Ritardando ein, das noch einmal verdeutlicht, welchem Druck sich Hanna ausgesetzt sieht. Denn während sie still vor sich hin redet und dabei nur ihre Lippen bewegt, wird sie von einem Mann beobachtet: vom Priester Eli, der vor dem Heiligtum von Schilo auf einem Stuhl sitzt. Dieser Eli ist von wenig seelsorgerlichen Gedanken bestimmt, sondern urteilt mit männlichem Blick im wahrsten Sinn des Wortes nüchtern, indem er zu dem Schluss kommt: Die Frau mit den tränenden Augen und den stummen Mundbewegungen ist betrunken. Also herrscht er Hanna an:»Wie lange willst du dich noch wie eine Betrunkene aufführen? Sieh zu, dass du deinen Weinrausch los wirst!« (1. Sam 1,14)

Noch eine Demütigung: Selbst der verzweifelte Aufbruch zu Gott wird von dem für Religion zuständigen Mann als Ausdruck von Trunkenheit gedeutet. Ja was denn jetzt noch, wenn sich selbst die Hinwendung zu Gott als dem Ursprung des Leids für andere als Unzurechnungsfähigkeit darstellt? Hanna könnte ihre Versuche, das eigene Geschick zu ändern, einstellen und sich wortlos abwenden. Aber sie hält stand – sie widerspricht dem Priester und besteht auf ihrer Würde: »Nein, Herr! Ich bin eine unglückliche Frau. Ich habe weder Wein getrunken noch Bier; ich habe nur dem Herrn mein Herz ausgeschüttet.« (1. Sam 1,15) Und wir ergänzen stillschweigend: Das wenigstens sollte doch möglich sein am Ort, der ihm geweiht ist. Denn wenn das Haus Gottes nicht mehr der Raum ist, um vor ihm den ganzen Kummer und alle Traurigkeit auszubreiten, verliert es seine Bestimmung und wird sinnlos.

Was in diesem Augenblick in Eli vorgeht, erfahren wir nicht. Längst liegen ja unser Interesse und alle Konzentration auf Hannas Gefühlen. Aber immerhin: Er lässt sich den Widerspruch der Frau gefallen – und segnet sie: »Geh in Frieden! Der Gott Israels wird dir deine Bitte erfüllen, die du an ihn gerichtet hast.« (1. Sam 1,17) Mehr nicht, aber wenigstens diese Worte, die dennoch mehr sind als nur dahingesagt: Im Segen wird Gottes liebevolle, heilsame Zuwendung Wirklichkeit. Die Gottesferne wandelt sich in Gottesnähe. Und mit der Gottesnähe verändert sich das Leben Hannas. Kurz und knapp heißt es: »Sie aß wieder und hatte kein trauriges Gesicht mehr.« (1. Sam 1,18)

Wir ahnen es: Jetzt kommt es, wie es kommen muss. Zurück in Ramatajim schlafen Elkana und Hanna wieder miteinander, wie sie es oft genug getan haben. Aber diesmal ist alles anders, auch wenn sich äußerlich nichts geändert hat: Hanna ist gesegnet, und das bedeutet in den Worten unserer Erzählung: »Der Herr dachte an sie, und Hanna wurde schwanger. Als die Zeit abgelaufen war, gebar sie einen Sohn und nannte ihn Samuel, denn (sie sagte): Ich habe ihn vom Herrn erbeten.« (1. Sam 1,19-20)

Der Sohn ist da, von Gott erbeten, ihm geradezu abgerungen. Hanna gibt ihm den Namen, nicht Elkana, der Vater. Es ist *ihr* Kind, um das sie gekämpft hat. Die Zeit der Demütigungen hat ein Ende, von Peninna, ihrer Rivalin, hören wir nichts mehr. Sie hat von dem Augenblick an ausgespielt, wo Hanna einen Sohn zur Welt bringt. Jetzt ist sie geachtet und angesehen.

Freilich, auch das Idyll von Mutter und Kind ist nicht von Dauer. Denn die Worte des Gelübdes, das Hanna vor Gott gesprochen hatte, fordern Erfüllung. Hanna hat das Mutterglück der Geburt erlebt, aber sie gibt ihren einzigen Sohn dorthin zurück, wo sie ihn sich erkämpft hatte – an das Heiligtum in Schilo, ja noch konkreter: Sie gibt ihn dem zurück, dem sie ihn verdankt: »Ich habe um diesen Knaben gebetet«, sagt sie zum Priester Eli, »und der Herr hat mir die Bitte erfüllt, die ich an ihn gerichtet habe. Darum lasse ich ihn auch vom Herrn zurückfordern. Er soll für sein ganzes Leben ein vom Herrn Zurückgeforderter sein.« (1. Sam 1,27-28)

Die ehedem Kinderlose wird wieder kinderlos. Das mag für uns kaum nachzuvollziehen sein. Die Frau, in deren Herz wir schauen konnten, weil sie es vor Gott ausgeschüttet hat, kommt uns womöglich reichlich herzlos vor: Kaum entwöhnt, muss Samuel fortan am Tempel Gottes leben, einmal im Jahr von den Eltern besucht.

Aus heutigem Blickwinkel und nach heutigen Maßstäben scheint sich die Vermutung zu bestätigen, dass es Hanna weniger um ein Kind gegangen ist, das ihr Leben »bereichert«, wie wir zu sagen pflegen, sondern um ihre Statusveränderung: Sie ist endlich Mutter. Dazu braucht sie ein eigenes Kind. Aber sie braucht es nicht, um Mutter zu bleiben.

Solche Überlegungen sind der alten Geschichte noch völlig fremd. Denn es geht in der Bibel um mehr als um das individuelle Glück, so wichtig dies auch ist. Es geht zu allererst um Gott: um seine Größe, seine Macht, sein Wirken. Und sollte nicht gerade *der* Ort der beste in der Welt sein, wo seine Ehre wohnt (Ps 26,8)? Sollte nicht das Beste und Schönste, was es gibt, Gott geweiht sein? Das fragten die Menschen damals – und werden verstanden haben, dass Hanna nichts anderes tun konnte (und nichts anderes tun wollte), als ihren Sohn wieder aus den eigenen Händen zu geben: aus der Nähe der Mutter in die Nähe Gottes.

Und als sei den Erzählern irgendwie bewusst, dass die Geschichte Hannas so hart denn doch nicht enden dürfe, hören wir, dass Hanna und Elkana bei einem der späteren Besuche am Heiligtum in Schilo von Eli gesegnet werden: »Der Herr gebe dir für den, den er von dir erbeten hat, andere Nachkommenschaft von dieser Frau.« (1. Sam 2,20) Und so bekommt, während Samuel längst den Tempeldienst versieht, Hanna noch weitere Kinder: drei Söhne und zwei Töchter. Ein wahrer Kindersegen. Mehr als damals erbeten, mehr als genug zum Leben.

III.

Mit diesem Ausblick sind wir der Geschichte weit vorausge-
eilt und haben etwas Entscheidendes übersprungen: Denn
als Hanna ihren kleinen Samuel ein für alle Mal bei Eli am
Haus Gottes abgibt, betet sie noch einmal – keine klagenden
Worte mehr wie damals, als sie ohne Aussicht auf Mutterschaft war, sondern Worte voller Überschwang und Tiefe. Sie
klingen wie eine Deutung ihres bisherigen Weges. In ihnen
scheint die alles bestimmende Wirklichkeit auf, die sich im
Leben einzelner Menschen offenbart – nicht nur bei Hanna,
sondern immer wieder!

01 *Hanna betete. Sie sagte: Mein Herz ist voll Freude über den
Herrn, / große Kraft gibt mir der Herr. / Weit öffnet sich mein
Mund gegen meine Feinde; / denn ich freue mich über deine
Hilfe.*

02 *Niemand ist heilig, nur der Herr; / denn außer dir gibt es
keinen (Gott); / keiner ist ein Fels wie unser Gott.*

03 *Redet nicht immer so vermessen, / kein freches Wort komme
aus eurem Mund; / denn der Herr ist ein wissender Gott /
und bei ihm werden die Taten geprüft.*

04 *Der Bogen der Helden wird zerbrochen, / die Wankenden aber
gürten sich mit Kraft.*

05 *Die Satten verdingen sich um Brot, / doch die Hungrigen
können feiern für immer. / Die Unfruchtbare bekommt sieben
Kinder, / doch die Kinderreiche welkt dahin.*

06 *Der Herr macht tot und lebendig, / er führt zum Totenreich
hinab und führt auch herauf.*

07 *Der Herr macht arm und macht reich, / er erniedrigt und er
erhöht.*

08 Den Schwachen hebt er empor aus dem Staub / und erhöht
den Armen, der im Schmutz liegt; / er gibt ihm einen Sitz bei
den Edlen, / einen Ehrenplatz weist er ihm zu. / Ja, dem
Herrn gehören die Pfeiler der Erde; / auf sie hat er den
Erdkreis gegründet.

09 Er behütet die Schritte seiner Frommen, / doch die Frevler
verstummen in der Finsternis; / denn der Mensch ist nicht
stark aus eigener Kraft.

10 Wer gegen den Herrn streitet, wird zerbrechen, / der Höchste
lässt es donnern am Himmel. / Der Herr hält Gericht bis an
die Grenzen der Erde. / Seinem König gebe er Kraft / und
erhöhe die Macht seines Gesalbten.

(1. Sam 2, 1 - 10, Einheitsübersetzung)

In entscheidenden Augenblicken sind es Frauen, deren Gebete Geschichte machen: Eines der ältesten poetischen Stücke der Bibel ist das Lied der Mirjam, das sie nach dem Untergang des Pharao und seines Heeres im Schilfmeer anstimmt: »Singt dem Herrn ein Lied, / denn er ist hoch und erhaben! / Rosse und Wagen warf er ins Meer.« (2. Mose 15,21) Und wer von uns würde sich nicht an Maria, die Mutter Jesu, erinnert fühlen, die ihr Magnificat mit den Worten beginnt: »Meine Seele preist die Größe des Herrn, / und mein Geist jubelt über Gott, meinen Retter. Denn auf die Niedrigkeit seiner Magd hat er geschaut. / Siehe, von nun an preisen mich selig alle Geschlechter.« (Lk 1,46-48)

Überhaupt: Hanna und Maria. Ihre Lieder scheinen sich auf den ersten Blick stark zu ähneln. Und doch sind die Unterschiede groß, wie ja auch die Lebenssituation dieser beiden Frauen verschieden war: Hanna ersehnt sich ein Kind, Maria wird von der Tatsache einer Schwangerschaft

95

vollkommen überrascht. Sie hatte nicht mit einem Mann geschlafen, und schon gar nicht stand ihr der Sinn nach einem Kind. Eher gleicht Hanna der Priesterfrau Elisabeth, der mit ihrem Mann Zacharias gar bis ins vorgerückte Alter Kinder versagt bleiben, ehe sie das unverhoffte Glück einer Schwangerschaft und Mutterschaft erfährt. Elisabeth bringt Johannes zur Welt, der später den Beinamen »der Täufer« trägt. Und auch Elisabeth kann nicht anders, als Gott zu loben: »Der Herr hat mir geholfen; er hat in diesen Tagen gnädig auf mich geschaut und mich von der Schande befreit, mit der ich in den Augen der Menschen beladen war.« (Lk 1,25) Das hätten haargenau Hannas Worte sein können: das gleiche Geschick, die gleiche befreiende, lebensverändernde Erfahrung!

Hannas Lied, dieses Magnificat im Alten Testament, dieser Psalm außerhalb des Buchs der Psalmen, zieht einen großen Bogen – und das in einer ungeheuren Radikalität, die alle menschlichen Maßstäbe in Frage stellt: Was nach außen stark und mächtig erscheint, verliert seinen Bestand, wird brüchig und in seiner Schwäche entlarvt. Zehn Verse lang nichts als Gegensätze, nichts als Umkehrungen des Herkömmlichen! Um nur zweimal Hanna zu Wort kommen zu lassen: »Der Bogen der Helden wird zerbrochen, / die Wankenden aber gürten sich mit Kraft.« (V. 4) Oder: »Er behütet die Schritte seiner Frommen, / doch die Frevler verstummen in der Finsternis; denn der Mensch ist nicht stark aus eigener Kraft.« (V. 9) Das ist es. So hatte es Hanna bitter erfahren müssen: dass das eigene Wollen zu schwach ist, um die als bedrückend erlebte Lebenssituation zu verändern. Aber ihre Hilfe ist von Gott gekommen (Ps 121,2).

Nicht alles, was wir in Hannas Lied lesen, lässt sich unmittelbar auf die Erfahrung der Kinderlosigkeit, der Demütigung durch Peninna oder der unwirschen Zurechtweisung durch Eli beziehen. Die Worte borden über und beschreiben mehr als allein das subjektive Erleben dieser Frau. Man hat darin gute Gründe gesehen, dass der Dankpsalm wahrscheinlich nachträglich eingefügt wurde. Aber das muss uns nicht näher beschäftigen, denn es steht doch außer Frage: Hier wird verdichtet, was mit Hanna auch all jene erleben, die sich in ihrer Hilflosigkeit und Hoffnungslosigkeit an Gott wenden, ja sich in ihn hinein flüchten. Ihn bekennt Hannas Lied als den, der allein heilig ist, seine Schöpfermacht besingt sie mit starken Worten »Der Herr macht tot und lebendig, er führt zum Totenreich hinab und führt auch herauf.« (V. 6) Was Hanna an sich erleben konnte – die ersehnte Mutterschaft –, war für sie wie ein kleines Osterfest: Nach menschlichen Maßstäben schien alles aus und vorbei zu sein. Gerade da aber offenbart sich Gott als der, der er ist: als Schöpfer des Lebens! Liegt es da nicht nahe, sich durch ihre Worte an Gottes Handeln an Karfreitag und Ostern erinnern zu lassen? Hannas individuelle Erfahrung wird in der Auferweckung Jesu Christi von den Toten zur entscheidenden Perspektive, die nicht nur eine einzelne Person, sondern die Welt verändert. In Hannas Lied zeigt sich ein Überschuss an Hoffnung, von dem wir Christen bekennen, dass er in Christus zur Erfüllung gekommen ist.

Um *Gottes Gottheit* geht es also, ihm gilt das ganze Lob: »Mein Herz ist voll Freude über den Herrn, große Kraft gibt mir der Herr.« (V. 1) Wer Gott groß macht, tut dies nicht auf Kosten der Menschen; im Gotteslob geht es nicht darum, uns klein, unmündig und abhängig zu halten. Das Gegenteil ist der Fall! Die Unterscheidung zwischen Gott und uns ist heilsam: Sie verhindert den oft naheliegenden Versuch, uns selbst an seine Stelle zu setzen und Gott zu spielen. Wenn die Grundbestimmung gilt, dass Gott der Schöpfer ist und wir seine Geschöpfe sind und bleiben, kann dies ungemein entlasten und unsere Maßstäbe zurechtrücken. Dann müssen wir uns nicht zumuten, was wir doch nicht schaffen können, sondern können umso mehr unsere Erwartung und Sehnsucht auf Gott richten: dass er Leben schafft, wo wir nur den Tod sehen, dass er die Verhältnisse umkehrt, wo wir nur noch die Macht des Faktischen beklagen. Machen wir uns nichts vor: Das Lied der Hanna hat in seiner umfassenden, ja maßlosen Erwartung etwas Revolutionäres an sich. Insofern eignet es sich – trotz aller vertrauten Worte im Einzelnen – eigentlich nur sehr begrenzt zu einer gemeinhin moderaten Verwendung etwa in der Liturgie. Wenn die christliche Gemeinde Hannas Worte als ihre eigenen betet, öffnet sie sich dem umwälzenden, grundstürzenden Handeln Gottes. Da kann es, was die Sicherung des eigenen Bestandes angeht, auch gefährlich werden: »Der Herr macht arm und macht reich, er erniedrigt, und er erhöht.« (V. 7) Nichts muss bleiben, wie es war. Alles kann sich ändern.

Aber wir dürfen uns zugleich sagen lassen: Die *Allmacht* Gottes hat ihr Maß in seiner *Liebe* zu uns. Wenn Gott sich uns als der Herr über Leben und Tod zu erkennen gibt, dann nicht, um sich zu beweisen oder uns seine Willkür spüren zu lassen, sondern allein, um uns seine Liebe zu zeigen. Davon jedenfalls war Martin Luther überzeugt: »Gott recht erkennen heißt erkennen, dass eitel Güte und Gnade bei ihm ist.« Hanna erlebt den allmächtigen Gott als den, der sich ihrer Not ganz persönlich annimmt und sich ihr voller Barmherzigkeit zuwendet. Darum ist ihr Herz voll Freude, und darum kann sie voller Liebe sogar ihr Liebstes, ihren eigenen Sohn, dem zurückgeben, dem sie alles verdankt. Sie hat Gottes gnädiges Handeln erfahren.

So endet die Vorgeschichte nicht einfach mit Hanna, um dann bruchlos in die Geschichte Samuels überzugehen, sondern sie führt unseren Blick über das erzählte Geschehen hinaus zu der Erkenntnis: Hinter allem, was geschieht, ist Gott am Werk, der Ursprung, Erhalter und Vollender der Welt, und deshalb dürfen wir von ihm alles, was uns bewegt, erbitten. Nur keine falsche Bescheidenheit! Gott ist größer, als wir denken. Denn er ist Liebe.

IV.

Und wo stehen wir in dieser Geschichte? Manches mag schon aufgeleuchtet sein, ohne dass es eigens angesprochen werden muss. Ich will versuchen, drei Perspektiven zu erfassen, um an ihnen zu verdeutlichen, was Hannas Geschichte und Hannas Lied für uns heute bedeuten könnten. Ich tue dies in drei Schritten – bei unseren eigenen Erfahrungen beginnend, um sodann mögliche Konsequenzen für die Kirche anzudeuten und schließlich nach der gesellschaftlichen Dimension dieser biblischen Erzählung zu fragen.

1. Hanna betet. Nicht nur einmal, sondern immer wieder. Was ihr Herz bewegt, was ihr auf der Seele brennt und ihre Gedanken beschäftigt, breitet sie vor Gott aus. Im Gebet ist sie ganz bei sich – und zugleich ganz bei ihm. Und darum ist es nur folgerichtig, dass sie, nachdem ihre flehentlichen Bitten erhört worden sind, Gott im Gebet

lobt und ihm dankt. Das Gebet wird so zum intensivsten Ort der Gottesbeziehung und der Gottesbegegnung. Auch heutzutage beten mehr Menschen, als wir meinen. Manchmal sind es kurze Stoßgebete in höchster Gefahr, manchmal geprägte Worte der kirchlichen Überlieferung wie das Vaterunser, manchmal eigene Worte, in denen sich unser persönliches Leben und die Fragen, die es uns stellt, spiegeln. Hanna kann uns ermutigen, nicht vorschnell das Beten als überholt abzutun. Oft genug hat man Betende dem Spott preiszugeben versucht und stattdessen gemeint, aus eigener Kraft die Verhältnisse ändern zu müssen. Nicht das Gebet, sondern die Tat entscheide, heißt es dann. Lassen Sie sich diesen falschen Gegensatz nicht einreden! Unser Tun ist wichtig, ohne Zweifel, aber es ist nur segensreich, wenn es vom Gebet getragen wird. Ganz deutlich gesagt: Was mir so wichtig ist, dass ich darum bete, dafür kann ich mich einsetzen! Das Gebet wird so zur Probe der Ernsthaftigkeit meines Handelns.

Und noch in einer anderen Hinsicht ist der Gegensatz von Beten und Handeln falsch: Wir werden, sosehr wir uns mühen, nicht alles aus eigener Kraft erreichen, was wir uns vorgenommen haben. Hanna hat das exemplarisch für uns erleben müssen. Uns sind Grenzen gesetzt, die wir nicht überwinden können. Aber wir brauchen deshalb nicht zu resignieren, sondern können uns Gott zuwenden – in der festen Hoffnung, dass er sich zu uns wendet. »Gott will uns damit locken, dass wir glauben sollen, er sei unser rechter Vater und wir seine rechten Kinder, damit wir getrost und mit aller Zuversicht ihn bitten sollen wie die lieben Kinder ihren lieben Vater«: So hat Martin Luther in seinem Kleinen Katechismus den

Sinn des Gebets zu erläutern versucht. »Getrost und mit aller Zuversicht« Gott bitten, auch um das, was uns unmöglich erscheint – das ist es! Dafür gibt es das Gebet.

Aber wenn in Erfüllung geht, was wir erhofft und erbeten haben, wenn also Gott unser Gebet erhört hat, gilt auch das andere: Dann sollen wir mit dem Dank und dem Lob Gottes nicht hinter dem Berg halten. Kein schamhaftes Verschweigen, dass wir uns an Gott gewandt haben, darf uns bestimmen. Indem wir unsere Gotteserfahrungen beim Namen nennen, geben wir Gott die Ehre – und werden anderen Menschen zu »Gebetshelfern«. An unserem Dank und Lob erleben sie die Lebendigkeit des Glaubens: »Mein Herz ist voll Freude über den Herrn.« (V. 1) Solch eine Freude ist ansteckend und lädt ein, es zu wagen: zu glauben und zu beten, zu beten und zu glauben.

2. Das Danklied der Hanna – wir haben es gespürt – enthält viel Umstürzlerisches: mehr vielleicht sogar, als es der Kirche lieb sein könnte. Darin gleicht es dem Magnificat der Maria vollkommen. Wie ist die christliche Kirche mit dem Vermächtnis dieser beiden Frauen im Alten wie im Neuen Testament umgegangen? Es hat zu allen Zeiten die Gefahr bestanden, das Erbe zu spiritualisieren. Die Worte haben dadurch ihre Sprengkraft und Eindeutigkeit verloren. Aber es gab und gibt auch eine gegenläufige Bewegung, die aus einem Gebet wie dem der Hanna eine klare »Option der Kirche für die Armen und Rechtlosen« ableitet. Die Kirchen in der südlichen Hemisphäre versuchen auf ihre Weise, die Worte in ihrer Unmittelbarkeit ernst zu nehmen: »Den Schwachen hebt er empor aus

dem Staub und erhöht den Armen, der im Schmutz liegt.«
(V. 8) Die Parteinahme ist eindeutig, und viele fragen uns
in den Leitungen der Kirchen, was das für uns konkret
bedeutet. Die Antwort kann nur lauten: Wo die Würde
des Menschen auch hinsichtlich seiner Lebensverhältnisse mit Füßen getreten wird, ist der Ort der Kirche an der
Seite der Schwachen und Armen. Wo denn sonst! Und
selbst bei uns in Deutschland, wo wir himmelschreiendes
Elend längst nicht in dem Maß kennen wie etwa in Teilen
Afrikas, Asiens oder Lateinamerikas, könnte sich aus Hannas Worten eine Ortsbestimmung für die Kirchen ergeben. Zumindest dies sollen wir im Blick auf die rasanten
gesellschaftlichen Veränderungen sein: solidarische Kirchen.

Was damit gemeint ist? Ich erlebe, wie der Gedanke
an Boden verliert, dass sich die Kraft einer Gesellschaft
gerade darin erweist, wie sie mit denen umgeht, die sich
nicht oder nur wenig selber helfen können. Ich spreche
mich überhaupt nicht gegen die Notwendigkeit einer
verantwortungsvollen eigenen Daseinsvorsorge aus. Aber
ich weiß, dass auch der Eigenverantwortlichkeit Grenzen
gesetzt sind. Um nur ein Beispiel zu nennen: Ältere Menschen brauchen auch weiterhin unsere ungeteilte Zuwendung und, wenn es sein muss, unsere liebevolle Pflege. Viele Einrichtungen von Diakonie und Caritas stehen
vor großen Problemen, denn sie können auf Dauer nicht
mehr auskömmlich wirtschaften, weil die Pflegesätze viel
zu niedrig kalkuliert sind. Das geht zu Lasten derer, die
gesellschaftlich gesehen keine Stimme haben und für die
wir als Kirchen deshalb laut und vernehmlich eintreten
müssen. Die Kirchen maßen sich nicht an, der Staat zu

sein – Gott sei Dank. Aber sie erinnern den Staat beharrlich daran, seine Verantwortung gegenüber allen Menschen wahrzunehmen – auch denen gegenüber, die nicht – oder nicht mehr – zu den sogenannten Leistungsträgern gehören. Hier wird der Wind der gesellschaftlichen Auseinandersetzung rauer, aber das darf die Kirchen nicht beirren.

3. Meine Mutter hieß Hanna. Sie hatte spät geheiratet. Sechsunddreißig Jahre war sie alt, als sie mir das Leben schenkte. Ob sie sich innerlich schon damit abgefunden hatte, womöglich kinderlos bleiben zu müssen? Ich weiß es nicht. Ich habe sie nie gefragt. Und inzwischen ist sie schon lange verstorben. Nur eines weiß ich mit ziemlicher Sicherheit: Kinder zu haben, gehörte in jener Generation zum Leben dazu.

Heute leben wir in einer »kinderlosen Gesellschaft«. Kinder sind nicht mehr unbedingt der Schlüssel zum Glück. Es geht auch ohne. Gut sogar. Um nicht missverstanden zu werden: Es gibt viele Paare, die sich eigene Kinder wünschen, sie aber nicht bekommen. Nur ist das – aufs Ganze unserer Gesellschaft gesehen – eher der Ausnahmefall. Wir haben es mit einer bewussten und gewollten Kinderlosigkeit zu tun. Denn Kinder erfordern unsere ganze Aufmerksamkeit und Liebe. Wie aber soll man das vermitteln, wenn andere Leitziele im Vordergrund stehen: Unabhängigkeit, Selbstverwirklichung, Flexibilität, Mobilität. Da sind Kinder eher hinderlich. Hinzu gesellt sich ein Klima, das man als zumindest kinderunfreundlich, um nicht zu sagen kinderfeindlich, bezeichnen muss. Es drückt sich nicht nur in der Art und Weise aus, wie wir unsere Städte gestalten oder wie auf Kinderlärm reagiert wird, sondern reicht bis hinein in den politischen Bereich: Familienpolitik ist nach meinem Eindruck eher ein Randthema. Dass es aber ein Zukunftsthema ersten Ranges ist – diese Einsicht ist noch höchst unterentwickelt. Bei Familienpolitik geht es um mehr als die wichtige Frage der Vereinbarkeit von Beruf und Familienleben. Es geht um die Prioritäten, die unsere Gesellschaft setzt. Und da sind Familien mit Kindern gegenwärtig eindeutig benachteiligt!

Aber das ist eigentümlicherweise nur die eine Seite unserer gesellschaftlichen Wirklichkeit. Auf der anderen werden hohe Summen in die humangenetische Forschung investiert, um kinderlosen Eltern doch noch den Kinderwunsch erfüllen zu können – und zwar den ausdrücklichen Wunsch nach einem rundum gesunden Kind. Auf die sogenannte In-vitro-Fertilisation und die pränatale Diagnostik folgt nun die von mancher Seite erhobene Forderung nach der Präimplantationsdiagnostik: Die künstlich befruchtete Eizelle soll hinsichtlich möglicher genetischer Defekte untersucht werden, um so von vornherein bestimmte Erkrankungen oder Missbildungen auszuschließen. Ein gesundes Kind wird zum höchsten erstrebenswerten Gut stilisiert, lange und aufwendige Behandlungsmethoden werden in Kauf genommen, um dieses Ziel zu erreichen. Ich will den Wunsch nach einem gesunden Kind überhaupt nicht diskreditieren. Er ist nur zu verständlich. Doch ich befürchte, dass mit der Zulassung von präimplantationsdiagnostischen Verfahren eine schiefe Ebene betreten wird, auf der es – gesellschaftlich gesehen – bald kein Halten mehr gibt. Vielleicht male ich zu schwarz, aber ich rechne damit, dass man Schritt für Schritt den Katalog erweitert, bis bereits leichte Behinderungen zu einer negativen Auslese führen, weil sie als unzumutbare Belastungen betrachtet werden. Kinder sind eine Gabe Gottes. Diese Einsicht, die uns die Erzählung von Hanna in ihrer ganzen Dramatik vermittelt, hat nichts von ihrer Geltung verloren. Wir verfügen nicht über unsere Kinder, aber wir sind ihnen gegenüber für die Bedingungen verantwortlich, unter denen sie heranwachsen. Die Veränderung zu mehr Kinderfreundlichkeit in unserer Gesellschaft fängt daher bei unserer eigenen Einstellung an. Da nützen Appelle wenig, sondern es ist die schlichte Bereitschaft gefragt, Kindern zu geben, was sie am allernötigsten brauchen: Zuwendung, Verständnis – und Zeit. Dass hier gerade die Kirchen wichtige begleitende Dienste durch Kindertagesstätten, Kindergruppen und Kindergottesdienste leisten, steht außer Frage. Für mich ist das Bemühen, Kindern gerecht zu werden und ihnen in den Kirchengemeinden Geborgenheit zu vermitteln, nicht in erster Linie eine »Investition in die Zukunft«, sondern Ausdruck der Tatsache, dass wir die Aufgabe ernstnehmen, die Gott uns stellt, indem er uns Kinder schenkt.

So spannt sich der Bogen von Hannas Geschichte vielgestaltig mitten in unsere Zeit. Die Lebensverhältnisse mögen sich gegenüber damals verändert haben. Aber die Grundfragen des Lebens bleiben die gleichen. Und der Grund des Lebens auch! Auf ihn hat uns Hanna auf ihre Weise verwiesen: Es ist Gott allein.

Bildung

Sprüche 1,1-7

I. Annäherungen

Sogenannte »W-Fragen« gelten pädagogisch als verpönt, haben sich aber im Katechismus ausgesprochen gut bewährt. Auf eine klare Frage gibt es dort jedes Mal eine klare Antwort. Ob dies auch auf die Frage »Was ist eine gute Schule?« zutrifft, werden wir erst noch sehen. Meine Bibelarbeit soll und kann ja nicht ein Ergebnis vorwegnehmen, sondern sie versucht, im Rückgriff auf die Ursprungszeugnisse unseres Glaubens möglichst in die Thematik einzuführen.

Aber schon stellt sich ein erstes Problem: Lässt sich denn in der Bibel überhaupt etwas über »Schule« finden? Die Antwort muss, streng genommen, lauten: Nein. Was wir heute unter »Schule« verstehen, ist den Schriften des Alten wie des Neuen Testaments fremd. Mit einiger Wahrscheinlichkeit hat es Schulen als allgemeine Bildungsinstitutionen im alten Israel nicht gegeben[1]. Allenfalls lassen sich für bestimmte Berufsgruppen wie etwa die Priesterschaft am Tempel und die Beamtenschaft am Hof – ägyptischem Vorbild folgend – seit

---

1 Vgl. Frank Crüsemann, Die Bildung des Menschengeschlechts. Überlegungen zum Thema »Bildung« im Alten Testament, in: Bildung in evangelischer Verantwortung auf dem Hintergrund des Bildungsverständnisses von F.D.E. Schleiermacher. Eine Studie des Theologischen Ausschusses der Evangelischen Kirche der Union, hg. v. Joachim Ochel, Göttingen 2001, S. 88.

der Königszeit, also dem 10. vorchristlichen Jahrhundert, vergleichbare Einrichtungen voraussetzen. In ihnen wird es neben der Aneignung der Fähigkeit, schreiben und lesen zu können, auch um die Vermittlung von so etwas wie – modern gesagt – Sachkunde und Lebenskunde gegangen sein[2]. Aber allzu genaue Belege dafür gibt es nach Auskunft der Fachleute nicht. Überwiegend war Erziehung die Aufgabe des Elternhauses, also von Mutter und Vater. Hier wurde das entscheidende Wissen weitergegeben, das zur Meisterung des Lebens nötig war:»Höre, mein Sohn, auf die Zucht deines Vaters, und lass nicht fahren die Weisung deiner Mutter«, heißt es deshalb in Sprüche 1,8. Auf diesem Hintergrund ist es umso verblüffender, dass man schon für das 10. Jahrhundert v. Chr.»auf eine überraschend breite Alphabetisierung der israelitischen Bevölkerung« schließen kann, die zumindest»die gesamte Oberschicht«[3] umfasste. Archäologische Funde von beschriebenen Tonscherben belegen einen weit verbreiteten Gebrauch der Schrift in der Alltagswelt. So gesehen ist Israel eher ein Beispiel für den Erfolg eines nicht-schulischen Bildungsgeschehens.

Das gilt auch für die Zeit des Neuen Testaments. Nur an einer einzigen Stelle, in Apg 19,9, findet sich ausdrücklich der Begriff»scholé«, dem unser deutsches Wort entlehnt ist: Paulus hält sich in Ephesus auf, predigt drei Monate lang in der Synagoge, und als es dort zu Auseinandersetzungen um

---

2 Vgl. Otto Kaiser, Einleitung in das Alte Testament. Eine Einführung in ihre Ergebnisse und Probleme, Gütersloh [5]1984, S. 371. Kaiser spricht von den»beiden Formen der Erfahrungsweisheit, der Listenwissenschaft und der Lebensweisheit«.
3 Crüsemann (= Anm.1), S. 88.

seine Botschaft kommt, sucht er sich für die folgenden zwei Jahre einen neuen Versammlungsort: die »Schule des Tyrannos«. Gemeint ist »wahrscheinlich das Privatauditorium, in dem der Rhetor Tyrannos zu unterrichten pflegte«[4]. »Schule« bezeichnet hier also den konkreten Raum, den Hörsaal.

Interessanter als dieser eher spröde lexikalische Befund ist freilich etwas anderes. Schon das Alte Testament nennt »Prophetenjünger« – etwa im Umfeld des Elisa (2. Kön 2,1-7): In Jericho, so wird überliefert, gab es mindestens fünfzig solcher Jünger des Propheten, die wohl in Bruderschaften zusammenlebten. Später stoßen wir im frühen Judentum auf »Rabbinenschulen«, also auf Formen einer engen Lehr- und Lebensgemeinschaft zwischen dem Lehrer und den Schülern, in denen das Verständnis der Tora und die Fähigkeit, sie auszulegen, mündlich weitergegeben werden. Es kommt ja nicht von ungefähr, dass Jesus in den Evangelien oft als »Lehrer« (bei Luther: »Meister«) angesprochen wird und seine »Jünger« (so Luther) als »Schüler« bezeichnet werden. Die Art und Weise, wie Jesus einen Kreis von Anhängern um sich scharte und diese »lehrte«, war keineswegs originell; nur die Inhalte mochten sich unterscheiden. Wesentlich an dieser Beobachtung ist mir, dass die Verkündigung Jesu eben – wenn auch nicht ausschließlich – »*Lehre*« war und wir uns damit in einem Zusammenhang befinden, der einen religiösen Bildungsprozess beschreibt.

Um es knapp auf den Punkt zu bringen: Die biblische Tradition ist ihrem Ursprung wie ihrer Tendenz nach auf die Vermittlungsform des »Lehrens« bzw. des »Lernens« angelegt.

---

4   Jürgen Roloff, Die Apostelgeschichte, Göttingen 1981, S. 283 (NTD 5).

Dies begründet eine prinzipielle Affinität des christlichen (wie übrigens auch des jüdischen) Glaubens zu dem, was später »Schule« werden sollte. Damit ist der Rahmen beschrieben, in den hinein ich eine etwas modifizierte Fragestellung eintrage. Sie lautet: Was ist gute *Bildung?* Und wie vollzieht sie sich?

Ich gehe davon aus, dass sich aus biblischer Sicht auf diese Frage mehr antworten lässt, als das im Blick auf die Schule als Bildungsinstitution der Fall war. Dies soll anhand eines Bibelabschnitts geschehen, der meiner Ansicht nach wie kaum ein anderer programmatische Bedeutung für ein theologisch begründetes Bildungsverständnis hat. Persönlich bin ich vor allem dann von der Lektüre biblischer Texte gefesselt, wenn sich *strukturelle Analogien* zwischen damals und heute entdecken lassen. So wird es sich hoffentlich zeigen, dass der Rückbezug auf die Bibel kein Umweg ist, sondern dass sich von hier aus einige unmittelbare Transfermöglichkeiten zu der Fragestellung nach der »guten Schule« ergeben. Meine Bibelarbeit mündet deshalb auch in einen thesenhaften Ausblick auf die Gegenwart ein.

II. Sprüche 1,1–7: Absicht und Motto der »Spruchsammlung Salomos«

01 Dies sind die Sprüche Salomos, des Sohnes Davids, des Königs von Israel,

02 um zu lernen Weisheit und Zucht und zu verstehen verständige Rede,

03 dass man annehme Zucht, die da klug macht, Gerechtigkeit, Recht und Redlichkeit;

04 dass die Unverständigen klug werden und die Jünglinge
vernünftig und besonnen.
05 Wer weise ist, der höre zu und wachse an Weisheit, und wer
verständig ist, der lasse sich raten,
06 dass er verstehe Sprüche und Gleichnisse, die Worte der Weisen
und ihre Rätsel.
07 Die Furcht des Herrn ist der Anfang der Erkenntnis.
Die Toren verachten Weisheit und Zucht.

Eine eigentümliche Welt tut sich mit diesen wenigen Versen
auf: Wir betreten den Raum der sogenannten »Weisheit«, die
sich nicht allein auf Israel beschränkte, sondern im gesamten
Alten Orient von Ägypten bis nach Babylonien heimisch
war. Gerade diese Internationalität erlaubt es, Parallelen in
den anderen orientalischen Kulturen aufzuspüren, aber auch
zu fragen, worin das Besondere der »Weisheit in Israel«[5] gelegen habe.

Während wir gewohnt sind, mit einer stringenten Begrifflichkeit, die aus der Antike Griechenlands und Roms
herrührt, die Welt zu erkennen und zu erfassen, vollzieht sich
weisheitliches Denken sehr viel mehr spiralig kreisend: aus-
holend und zum Kern führend, um dann wieder auszuholen.
Sprüche 1,1–7 ist dafür ein eindrückliches Beispiel: Die vielen Worte, die uns hier begegnen, lassen sich gar nicht in der
Weise genau unterscheiden und kategorisieren, wie uns das
geläufig ist: Häufig wird »ein und derselbe Gedanke in mehreren Gliedern festgehalten und entwickelt«[6]. In gespielter

5 So der Titel des Buches von Gerhard von Rad, Neukirchen 1970.
6 Helmer Ringgren, Sprüche, S. 4, in: Ders. / Walther Zimmerli, Sprü-
che/Prediger, Göttingen ³1980 (ATD 16,1).

Ratlosigkeit drückt Gerhard von Rad das Unbehagen, das sich prima vista einstellt, folgendermaßen aus: »Wie soll eine Auslegung, die die Worte ernst nimmt, diese Folge von Aussagen nachvollziehen? Was bedeuten die vielen Einzelbegriffe? In welchem Sinne sind sie einander zugeordnet, in welchem voneinander abgegrenzt?«[7] Weisheitliche Rede ist nur verständlich, wenn wir uns bewusst machen, dass nicht der Gedankenfortschritt als solcher entscheidend ist, sondern der »Wille zu überzeugen«[8]. Je intensiver ein Gesichtspunkt wiederholt wird, umso einleuchtender wird er – so ist die Auffassung der Weisheitslehrer. Wir begegnen mit Sprüche 1,1–7 dem Phänomen der »Weisheit« also nicht nur inhaltlich, sondern auch in seiner spezifischen Denkform! Wiederholung ist die Mutter der Weisheit, wird es später – lateinisch didaktisiert – heißen.

Worum aber geht es der Weisheit? Um erneut von Rad zu Wort kommen zu lassen: »In allen Kulturstufen steht ja der Mensch vor der Aufgabe, das Leben zu bewältigen. Zu diesem Zweck muß er es kennen und darf nicht ablassen, zu beobachten und zu lauschen, ob sich in der Wirrnis der Geschehnisse nicht doch da und dort etwas wie eine Gesetzmäßigkeit, eine Ordnung erkennen läßt.«[9] Im Grunde ist es also die Suche nach dem, »was die Welt im Innersten zusammenhält« – und zugleich die Frage danach, welchen Ort in diesem Gefüge wir Menschen haben. Altorientalische Weisheit ist nie an reiner Theorie interessiert, sondern stets auf

---

7   Von Rad (= Anm. 5), S. 26.
8   Ebd., S. 76.
9   Gerhard von Rad, Theologie des Alten Testaments, Bd. 1, München ⁷1978, S. 431.

praktische Lebensgestaltung ausgerichtet. Insofern folgt aus der elementaren Ordnungssuche konsequent das pädagogische Bemühen um menschliche Bildung: Wir sollen uns durch die Aneignung eines rechten Verhaltens und Tuns in die göttliche Weltordnung einfügen. Die Weisheit – das macht sie mir so sympathisch – besitzt einen zutiefst optimistischen Grundzug. Darin ist sie der Aufklärung nicht unähnlich! Wer ihre Lehren beherzigt, wird nicht nur lang, sondern auch glücklich leben. Tun und Ergehen stehen in engstem Zusammenhang, der gewährleistet wird durch die im Geheimen alles durchwaltende Ordnung der Welt.

Diese Beobachtungen lassen es verstehen, dass uns die Weisheit in ihrer ausgestalteten Form als »Lehre« begegnet: »Erziehung« des Menschen ist eines ihrer großen Themen, vielleicht sogar das entscheidende. Wobei wir beachten müssen, dass der weisheitliche Bildungsprozess prinzipiell nie an sein Ende gelangt. »Ein philosophisches System kann theoretisch als in sich abgeschlossen gedacht werden, also als so umfassend, dass sein Wahrheitsgehalt als zureichend bezeichnet werden kann. Die Weisheit ist immer offen und unabgeschlossen. Es ist ein ganz anderer Weg, auf dem sie sich der Wahrheit nähert ...«[10]. Weisheit »hat« man nicht, sondern erwirbt sie sich immer neu und immer mehr.

Damit dies gelingen kann, braucht es Vermittlungsinstanzen, durch die Weisheit erfahren und gelernt wird: Es sind dies »die Versammlung am Tor und das damit verbundene Gericht, der Königshof mit seinen Beamten und Beratern, die Welt der Frauen und nicht zuletzt die Erziehung«[11] – hier

---

10 Ebd., S. 435.
11 Crüsemann (= Anm. 1), S. 87.

ganz wesentlich, wie schon erwähnt, im Elternhaus. Durch all diese Instanzen wird lebenspraktisches Wissen über Welt und Mensch von Generation zu Generation weitergereicht, das doch mehr ist als bloßes Wissen: Es prägt die Persönlichkeit und trägt zur Identitätsbildung bei. Im Lauf der Jahre und Jahrhunderte kondensiert es zu Sammlungen und wird zum Buch.

In der israelitischen Weisheitsliteratur ist das salomonische Spruchbuch das älteste: Über seine Entstehungszeit lässt sich allenfalls sagen, dass es Überlieferungen enthält, die möglicherweise tatsächlich bis in die Zeit des Königs Salomo zurückreichen. Als Ganzes aber ist es »in seiner vorliegenden Gestalt das Ergebnis einer planvoll arbeitenden und offensichtlich spätnachexilischen Redaktion«[12], das heißt es wird im 4. Jahrhundert v. Chr. abgeschlossen gewesen sein. Doch nun zu einzelnen Versen und ihrem Gehalt, soweit sich hier inhaltliche Abgrenzungen überhaupt vornehmen lassen.

Vers 1 gibt als Überschrift in einem einzigen Satz den Inhalt des gesamten, immerhin 31 Kapitel umfassenden Buches der »Sprüche« wieder. Der an dieser Stelle im Hebräischen verwendete Ausdruck ist der Oberbegriff für alle verschiedenen Formen des Weisheitswortes, die es gibt – vom Rätsel und Zahlenspruch bis hin etwa zur Kunstform eines Sprichworts. Ein bunter Strauß von »Sprüchen« kündigt sich damit an, allesamt zurückgeführt auf König Salomo, gewissermaßen den Prototypen des Weisen. Er selbst, so heißt es in 1. Kön 5,12, »dichtete dreitausend Sprüche und tausendundfünf Lieder«. Seine Weisheit war so berühmt, dass die Königin von Saba zu einem glanzvollen Staatsbesuch auf-

---

12 Kaiser (= Anm. 2), S. 382.

bricht, um ihn »mit Rätselfragen zu prüfen« (1. Kön 10,1): »Und Salomo gab ihr Antwort auf alles, und es war dem König nichts verborgen, was er ihr nicht hätte sagen können.« (1. Kön 10,3) Verblüfft und betört bekennt die Königin schließlich: »Ich hab's nicht glauben wollen, bis ich gekommen bin und es mit eigenen Augen gesehen habe. Und siehe, nicht die Hälfte hat man mir gesagt. Du hast mehr Weisheit und Güter, als die Kunde sagte, die ich vernommen habe. Glücklich sind deine Männer und deine Großen, die allezeit vor dir stehen und deine Weisheit hören.« (1. Kön 10,7-8) Und das alles nur, weil Salomo als junger Herrscher, wie es das 1. Königebuch erzählt, auf die Aufforderung Gottes in einem nächtlichen Traum: »Bitte, was ich dir geben soll!« (3,5) eben nicht um langes Leben und Reichtum gebeten hatte, sondern »um Verstand, zu hören und recht zu richten« (3,11). Was lag also näher, als die große Spruchsammlung unter seinem Namen herausgehen zu lassen!

Die folgenden Verse nennen nun die Absicht, die sich mit der Publikation der Spruchsammlung verbindet: Ziel ist nach Vers 2 das Verstehen von »Weisheit« und »Zucht«. Dies wird, wie meist in der israelitischen Dichtung, noch einmal unterstrichen durch die parallel aufgebaute zweite Vershälfte, die inhaltlich nichts Neues aussagt. Während »Weisheit« den Schlüsselbegriff des ganzen Buches darstellt, mag »Zucht« (sie taucht erneut in V. 3 und V. 7 auf) uns befremdlich vorkommen, weil sie so gar nichts mit der einladenden, werbenden, harmonischen Art weisheitlicher Reden zu tun zu haben scheint. In der Tat: »Zucht« im Sinne von »Erziehung« schließt auch nach weisheitlichem Verständnis – ähnlich wie übrigens im Griechischen »paideia« – die körperliche Züchtigung keineswegs aus: »Lass nicht ab, den Knaben zu züchtigen;« heißt es in Sprüche 23,13f. »denn wenn du ihn mit der Rute schlägst, so wird er sein Leben behalten; du schlägst ihn mit der Rute, aber du errettest ihn vom Tode.« Solche handfeste Erziehung ist freilich kein Selbstzweck, wie ja auch die Weisheit keine Erkenntnis um ihrer selbst willen vermittelt: Sie dienen beide auf ihre Weise der Aneignung einer lebensdienlichen Grundhaltung derer, die erzogen werden. Und noch etwas ist mir wichtig: »Verstehen« bzw. »Erkennen« im weisheitlichen Sinn erfolgt nicht durch eine kritische Distanzierung gegenüber dem Gesamtzusammenhang, den es zu verstehen gilt, sondern aufgrund einer möglichst nahen, geradezu intimen Identifizierung damit (»erkennen« meint metaphorisch eben auch den Sexualakt. 1. Mose 4,1). Wissen-Können ist also nach hebräischer Anschauung ein Geschehen, das die gesamte Person einbezieht.

Die zweite Hälfte von Vers 3 stellt wohl eine Entfaltung dessen dar, was mit »unterweisender Zucht« gemeint sein könnte.[13] Interessant ist hierbei, dass neben der »Redlichkeit«, die als Ziel der Erziehung ganz im weisheitlichen Kontext beheimatet ist, auch »Gerechtigkeit« und »Recht« genannt werden, die nach biblischem Verständnis sehr viel stärker der religiösen Sphäre, also der Frage nach dem rechten Gottesverhältnis, angehören. Die Beziehung von Weisheit und Religion deutet sich dadurch zumindest bereits unterschwellig an und wird in Vers 7 dann explizit.

Die Verse 4 und 5 zeigen, wie sich diejenigen verhalten, die »weise« geworden sind: Wie Weisheit kein Selbstzweck ist, so ist sie auch kein Besitz, den man gierig bei sich festhält

---

13 Vgl. Otto Plöger, Sprüche Salomos (Proverbia), Neukirchen 1984, S. 9 (BKAT 17).

und bewahrt. Im Gegenteil! Sie ist auf Weitervermittlung angelegt, auf Tradition. Der Bildungsvorgang endet nie *bei* einem selbst – und auch nicht *mit* einem selbst! Er ist prinzipiell unabgeschlossen und verläuft – in heutiger Sprache gesagt – ebenso als individueller wie sozialer Prozess. Freilich geschieht die Weitergabe von »Klugheit«, »Erkenntnis« und »Gewandtheit« nicht aus einer besserwisserischen Attitüde von oben herab! »Weise« können nur etwas an andere vermitteln, wenn sie ihrerseits stets Hörende und Lernende bleiben. Das hebräische Wort für »Führungskunst« ist der Nautik entlehnt: Zunächst waren damit ganz konkret die »Steuermannskenntnisse« gemeint, die man benötigt, um ein Schiff auf Kurs zu halten. Die griechische Übersetzung des Alten Testaments, die Septuaginta[14], gibt das Wort mit »kybernesis« wieder. Vielleicht ist es deshalb gar nicht einmal zu abseitig, bei der Kunst der Lebensführung, um die es ja im übertragenen Sinn als Ziel weisheitlicher Bildung geht, von einer besonderen Form der »Kybernetik« zu sprechen!

Noch einmal unterstreicht der folgende Vers 6: Es geht um das »Verstehen« weisheitlicher Überlieferung in ihren verschiedenen Spielarten. Wer dieses Verstehen einübt und sich dadurch aneignet, gleicht – so könnte man stillschweigend folgern – ganz dem weisen König Salomo, dessen Weisheit ja die Königin von Saba mit »Rätselfragen« auch auf die Probe stellte und der ihr – wie erwähnt – keine einzige Antwort schuldig blieb (1. Kön 10,3). Der Weg der Weisheit – würden wir heute sagen – ist der Weg einer umfassenden Bildung.

---

14 Vgl. ebd., S. 10; dazu auch die Überlegungen bei von Rad, Theologie 1 (= Anm. 9), S. 433f.

Dies alles mündet ein in Vers 7, den Grundsatz unseres gesamten Abschnitts. Gerhard von Rad zufolge ist er »einer der charakteristischsten Lehrsätze des ganzen Spruchbuchs ... Er findet sich mit geringen Variationen fünfmal in der didaktischen Literatur, was von keinem anderen Satz festzustellen ist und was von vornherein für die Bedeutung spricht, die er gehabt haben muß.«[15]

Gottesfurcht und Weisheit fallen also keineswegs, wie man vermuten könnte, auseinander – hier Glaube, dort Meisterung des Lebens –, sondern das eine bedingt das andere Gottesfurcht äußert sich nach alttestamentlichem Verständnis als »Gehorsam dem Willen Gottes gegenüber«[16]. Ihn zu tun, ist die entscheidende Vorbedingung dafür, dass der umfassende Bildungsprozess hin zur Weisheit *beginnt* und dass er *gelingt!*

III. Bildungskonzeptionen

Wen wundert's also, dass sich auf diesen Satz auch in späterer Zeit eine ganze Erkenntnis- und Bildungstheorie aufbaute! Dazu wenigstens in aller Kürze drei Beispiele:

a) Johann Albrecht Bengel hielt 1713 seine Antrittsrede als Präzeptor an der neu errichteten Klosterschule in Denkendorf bei Esslingen unter dem Titel »Das Trachten nach Gottseligkeit als sicherster Weg zu wahrer Bildung«[17]. Bengels Stoßrichtung war klar: Der Pietismus sollte nicht

---

15 Von Rad, Weisheit (= Anm. 5), S. 91. Parallelen in: Spr 9,10; 15,33; Ps 111,10; Hiob 28,28.
16 Von Rad, Theologie 1 (= Anm. 9), S. 446.
17 Vgl. TRE 5 (1980), S. 585.

als bildungsfeindlich verkannt, sondern die – pietistisch gedeutete – Frömmigkeit zur Voraussetzung der Gelehrsamkeit erklärt werden.

b) Auch Johann Gottfried Herder, um ein zweites Beispiel zu nennen, war davon überzeugt: »die erste und letzte Philosophie ist immer Religion gewesen«. Er begründet das Entstehen von Religion, wie ich meine, höchst überzeugend – und zwar mit dem Begriff der »Furcht«: »... es heißt nichts gesagt, daß *Furcht* bei den meisten ihre Götter erfunden. Die Furcht, als solche, erfindet nichts; sie weckt bloß den Verstand, zu muthmaßen und wahr oder falsch zu ahnen. Sobald der Mensch also seinen Verstand in der leichtesten Anregung brauchen lernte, d.i. so bald er die Welt anders als ein Thier ansah, mußte er unsichtbare mächtigere Wesen vermuten, die ihm helfen oder ihm schaden. Diese suchte er sich zu Freunden zu machen oder zu erhalten und so ward die Religion, wahr oder falsch, recht oder irre geführt, die Belehrerin der Menschen. ... Religion ist also, auch schon als Verstandesübung betrachtet, die höchste Humanität, die erhabenste Blüthe der menschlichen Seele.«[18]

c) Und schließlich, wie sollte es anders sein, wäre Friedrich Schleiermacher zu nennen, der größte Theologe des 19. Jahrhunderts: Ein einziges Zitat aus den 1799 erschienenen Reden »Über die Religion« soll den engen Zusam-

---

18 Johann Gottfried Herder, Ideen zur Philosophie der Geschichte der Menschheit, I,4,VI, in: Sämtliche Werke Bd. 13, hg. v. Bernhard Suphan, Berlin 1887, S. 162f.

menhang verdeutlichen, der gerade für Schleiermacher zwischen Religion und Bildung besteht – und zwar im Sinne der Religion als entscheidender Voraussetzung, Bildung des Menschen zu ermöglichen. In der Form eines Selbstzeugnisses führt er aus (und ich lese dies als einen indirekten Kommentar zu Spr 1,7): »Religion war der mütterliche Leib, in dessen heiligem Dunkel mein junges Leben genährt und auf die ihm noch verschlossene Welt vorbereitet wurde, in ihr atmete mein Geist, ehe er noch seine äußern Gegenstände, Erfahrung und Wissenschaft, gefunden hatte, sie half mir, als ich anfing den väterlichen Glauben zu sichten und das Herz zu reinigen von dem Schutte der Vorwelt, sie blieb mir, als Gott und Unsterblichkeit dem zweifelnden Auge verschwanden, sie leitete mich ins tätige Leben, sie hat mich gelehrt, mich selbst in meinen Tugenden und Fehlern in meinem ungeteilten Dasein heilig zu halten, und nur durch sie habe ich Freundschaft und Liebe gelernt.«[19] Vielleicht würde Schleiermacher in seinem Sinn Vers 7 kurz und bündig übersetzen: Religion ist der Anfang aller Bildung.

Mich beeindruckt durchaus, wie wenig die alttestamentliche Weisheit gerade für das Verstehen eines gelingenden Bildungsprozesses an Aktualität verloren hat. Als Resümee und zugleich Antwort auf die Frage »Was ist gute Bildung?« legen sich daher zumindest vier Thesen nahe.

---

19 Friedrich Schleiermacher. Über die Religion. Reden an die Gebildeten unter ihren Verächtern. In der Ausgabe v. Rudolf Otto, Göttingen [7]1991, S. 26f.; vgl. hierzu Hermann Fischer, Schleiermachers Theorie der Bildung, in: Bildung in evangelischer Verantwortung (= Anm. 1), S. 129-150.

IV. Thesen

1. Wer Bildung ausschließlich in einem enggeführten technizistischen Verständnis als Erwerb von unmittelbar anwendbaren Fähigkeiten und Fertigkeiten betrachtet, denkt zu kurz. Bildung ist als umfassendes Geschehen auf die gesamte Persönlichkeit ausgerichtet.
2. Zur Persönlichkeitsbildung und eigenen Identitätsfindung gehört religiöse Bildung elementar hinzu.
3. Ein Bildungsprozess, der gelingen will, braucht angemessene Vermittlungsorte, an denen die generationenübergreifende Traditionsweitergabe stattfinden kann. Diese Orte müssen ihrerseits gepflegt werden.
4. Bildung (religiöse Bildung inbegriffen) ist nie abgeschlossen. Sie bleibt stets fragmentarisch und vollzieht sich als »life-long learning«. Insofern ist die »gebildete« Persönlichkeit eher die Leitidee denn ein erreichbarer Dauerzustand.

Dass damit die Brücken zur Schulwirklichkeit geschlagen sind, dürfte deutlich sein. Der Gang zurück in die Bibel ist oft ein unmittelbarer Weg in die Gegenwart!

Sturmstillung

Markus 4,35-41

35 Und am Abend desselben Tages sprach er zu ihnen: Lasst uns hinüberfahren.

36 Und sie ließen das Volk gehen und nahmen ihn mit, wie er im Boot war, und es waren noch andere Boote bei ihm.

37 Und es erhob sich ein großer Windwirbel und die Wellen schlugen in das Boot, sodass das Boot schon voll wurde.

38 Und er war hinten im Boot und schlief auf einem Kissen. Und sie weckten ihn auf und sprachen zu ihm: Meister, fragst du nichts danach, dass wir umkommen?

39 Und er stand auf und bedrohte den Wind und sprach zu dem Meer: Schweig und verstumme! Und der Wind legte sich und es entstand eine große Stille.

40 Und er sprach zu ihnen: Was seid ihr so furchtsam? Habt ihr noch keinen Glauben?

41 Sie aber fürchteten sich sehr und sprachen untereinander: Wer ist der? Auch Wind und Meer sind ihm gehorsam!

Es war am See Genezareth. Längst hatte die Sonne ihre letzten Strahlen jenseits des Westufers aufleuchten lassen. Schnell brach die Dunkelheit herein. Die Stunde war vorgerückt. Nur wenige Lichter ließen sich noch in der Ferne rings um den See ausmachen; umso mehr glänzte der Sternenhimmel über mir. Ich hatte mir einen der Liegestühle genommen, die auf dem Rasen platziert waren, und ihn – etwas abseits

– dicht ans Ufer des Sees gezogen. Hinter uns lag ein anstrengender Tag: die lange Fahrt durch die Jordansenke bis nach Galiläa, und das bei drückender Hitze. Und je mehr wir nach Norden kamen, umso stärker war der Wind zu spüren, der an diesem Tag blies: in Beth Schean, wo er uns den feinen Sand in die Augen wirbelte, bei der Festung Belvoir, wo er heftig an unserer Bekleidung rüttelte, und dann am See, wo er das Wasser aufwühlte, als sei es eine Brandung am Meer.

Hier saß ich – und mich fröstelte. Nicht nur wegen der geradezu kalten Brise. Nein, abseits von allem anderen, für mich allein, den Blick auf das dunkle, bewegte Wasser, sein Rauschen im Ohr, die Ferne des Himmels über mir – da war er auf einmal da: dieser Sprung zurück in die Unmittelbarkeit der Zeit Jesu, der Sprung hinein in die Geschichten, von denen die Evangelien berichten.

Nicht in Bethlehem, nicht in Nazareth, schon gar nicht in Jerusalem, nein: Hier an diesem Abend am See Genezareth war es, dass eine dieser Geschichten für mich lebendig auferstand. Ich hatte sie mir nicht ausgesucht, aber sie begann, meine Sinne in Beschlag zu nehmen. Und je mehr ich mich in diese Erzählung hinein vertiefte, umso gegenwärtiger wurden mir ihre Worte. Am Schluss hatte ich sie zusammen: Vers für Vers, ohne dass ich sie mir zuvor eigens eingeprägt oder gar auswendig gelernt hätte. Sie war da, die Geschichte von der Stillung des Sturms – und ich mitten in ihr.

Seither ist sie für mich eine *Schlüsselgeschichte*. Sie schließt eine Wirklichkeit auf. Das hat sie erzählenswert gemacht, schon damals in der Entstehungszeit der Evangelien. Schon im ältesten Evangelium, bei Markus, ist sie überliefert worden. Matthäus (8,23-27) und Lukas (8,22-25) haben sie aufgenommen und vergleichsweise wenig daran geändert.

Warum hat man sie sich in der frühen Christenheit erzählt und überliefert? Es ging den ersten Gemeinden wohl kaum um die Erinnerung an ein einzelnes Geschehen, bei dem Jesus sich als Herr über die Naturgewalten erwiesen hat. Sie entdeckten in den Worten der Erzählung mehr: Sie verstanden sie als Aussage über sich – und darüber, wer Jesus für sie sei.

Markus hat die Erzählung sehr bewusst in einen größeren Zusammenhang gestellt, der zeigen soll, dass die Macht Jesu weiter reicht als unsere begrenzten Fähigkeiten und unser eigenes Vermögen. Er ist der Herr über Naturgewalten (Mk 4,35-41), Dämonen (5,1-20) und Krankheit (5,21-34), ja über den Tod (5,35-43). Die Geschichte von der Sturmstillung bildet dazu den Auftakt.

Seit alters her ist sie von denen, die sie auslegten, auf ihren *symbolischen* Gehalt abgeklopft worden. In diese Reihe stelle auch ich mich, um sie für uns sprechend werden zu lassen: freilich nicht in dem Sinn, als ginge es bei dem Boot, das dort auf den Wellen tanzt und dessen Tanz zu einem Totentanz zu werden droht, um das eigene »Lebensschifflein«. Ich will nicht leugnen, dass es Menschen gibt und gegeben hat, die ihre *individuelle* Lebensgeschichte just in dieser Erzählung widergespiegelt sehen. Dafür gibt es viele gute Gründe!

Für mich aber ist sie zu einer *Geschichte von der Kirche* geworden – und damit von denen, die in ihr leben und arbeiten. Sie ist gesättigt von Erfahrungen, die uns nicht fremd sind. Um diese Erfahrungen mit der Kirche geht es mir.

I. Bewegung

Alles beginnt mit dem Aufbruch (V. 35 und 36) – einem Aufbruch in die Ungeborgenheit: »Lasst uns hinüberfahren.« Eigentlich ein ganz normaler Vorgang. Jesus entzieht sich am Abend des Tages der Menge. Das Boot fährt aus dem schützenden Fischerhafen hinaus. Denn die See ist das »Terrain«, wo das Boot zuhause ist. Hier ist sein eigentlicher Ort, hierfür ist es gebaut.

Ein Bild von der Kirche: kein Museumsschiff, das an der Pier festgezurrt vor sich hin dümpelt und langsam verrottet, sondern ein Schiff, das in Bewegung ist und festes Land hinter sich lässt. Ungeborgenheit muss nichts Erschreckendes an sich haben; sich der Weite auszusetzen, muss nicht bedrohlich sein. Das Boot ist dazu da, damit die Arbeit getan werden kann, die ansteht, ganz gleich, wie weit die Entfernung vom sicheren Land ist. Eine Positionsangabe für die Kirche also: Ihr Platz lässt sich nicht ein für allemal in die Koordinaten von Zeit und Gesellschaft einzeichnen, sondern er verändert sich.

Niemals aber ist die Kirche ortlos! Unsere Aufgabe ist, diesen Ort zu beschreiben und ihn womöglich zu verändern. Das kostet Mühe, da muss auch der Anker manchmal gelichtet und kräftig gerudert werden, aber das Boot bewegt sich. Und es tut dies umso schneller, je mehr Menschen dabei Hand anlegen. Nicht mit Stillstand, sondern mit *Bewegung* beginnt die Geschichte der Kirche!

II. Bedrohung

Aber da kommt auch die Erfahrung der *Bedrohung* (V. 37): Wo eben noch alles spiegelglatt und verheißungsvoll aussah, treten unvorhergesehene Untiefen auf oder entstehen Wirbelstürme. Der Wind bläst ins Gesicht und lässt es kalt und zugig werden. Und nicht nur das: Der Boden unter den Füßen beginnt immer mehr zu schwanken. Eine Zeitlang ist das auszugleichen durch Gegenbewegungen, aber irgendwann reicht das nicht mehr aus. Die Interferenzen des Seegangs sind stärker und treiben mit dem Schiff ein böses Spiel. »Die Wellen schlugen in das Boot«, heißt es in aussagekräftiger Sprache bei Markus. Das ist nicht mehr durch ein paar Handgriffe oder Korrekturmaßnahmen auszugleichen. Jetzt geht es auf einmal ums Ganze: Es wird lebensbedrohlich.

Ja, in der Tat: Es gibt so etwas wie »Kirchen-Ängste« – Angst vor Schwund und Bedeutungslosigkeit unserer Gemeinden: dass sie irgendwann einmal weg sein könnten, und niemand vermisst sie. Ängste sind das, die in uns stecken und deshalb bedrängend sind, weil sie uns als Christen in Frage stellen. Sind wir bei der Kirche auf einem sinkenden Schiff?

Diese Ängste werden noch potenziert durch die Erfahrung des schlafenden Jesus (V. 38). Geradezu liebevoll malt Markus die Details aus: Jesus schläft hinten im Boot auf dem erhöhten Steuersitz – und das sogar »auf einem Kissen«. Anwesend ist Jesus, und doch abwesend. Der drohende Untergang des Bootes scheint ihn nicht zu berühren: ein Schlaf in himmlischer Ruh!

Ein geradezu lächerliches Bild ist das für alle, die nicht im Boot sind, wenn sie dieses Schauspiel von außen betrachten könnten: Da müht sich die Crew, aber der, um den es geht und um dessentwillen sie alles verlassen haben, weil an ihm ihr Leben hängt – der schläft den Schlaf der Gerechten.

Es ist bitter, aber wohl eine Tatsache, dass uns auch diese Erfahrung nicht fremd ist. Wir scheinen auf uns selbst gestellt zu sein und damit hoffnungslos aufgegeben, auch wenn es in unseren Kirchen von Kruzifixen nur so wimmelt. Geht das Boot unter, dann droht alles mit zu versinken. Da kann es nicht ausbleiben, dass sich Resignation und Angst in Verzweiflung und Rebellion steigern: »Fragst du nichts danach, dass wir umkommen?«

Manchmal denke ich mir: Wenn das nur erst einmal ehrlich eingestanden wäre! Wenn nur einmal ohne Schönfärberei zugegeben wäre, wie es uns selbst im Blick auf die Kirche geht, statt immer noch zu glauben, wir würden es schon selbst schaffen, das Schiff auf Kurs zu halten und wieder in ruhigere Gewässer zu bringen. Dann wäre schon viel gewonnen!

Ob ich da zu schwarz sehe? Es gibt doch auch »Kirchen-Hoffnungen«! Sind die nicht stärker als die Angst? Ja, das sind sie gewiss. Aber wie kommt es dazu, dass diese Hoffnungen tatsächlich mächtiger werden – in uns selbst, sodass wir nicht verzweifeln?

Es geht letztlich um die alles tragende Erfahrung des Glaubens. Am Ende ihrer eigenen Möglichkeiten stürzen sich die Jünger auf ihren Herrn. Es reicht ihnen nicht als beruhigendes Gefühl, dass sie ihn im Boot mitgenommen haben. Er soll tätig werden, helfen, eingreifen. Sie erwecken ihn für sich wieder zum Leben.

III. Bewahrung

So ist das mit der *Bewahrung* (V. 39). Wir können damit nicht von vornherein rechnen. Aber wir können darum bitten – und sie ist, unbegreiflich genug, urplötzlich da. Das Schiff gelangt nicht unter Aufbietung aller vereinten Kräfte – Jesus am Steuer – mit Mühe ans Ufer, sondern ganz anders.

Jesus bedroht Wind und Meer: »Der Wind legte sich, und es entstand eine große Stille.« Die Macht der Fluten ist gebannt. Sie waren keine Einbildung, aber sie haben ihre Lebensbedrohlichkeit verloren. Die Stille lässt das Vergangene innerlich nochmals durchleben: wie ein tiefer, langer Atemzug.

Jesus fragt seine Jünger nach dem Glauben (V. 40). Was meint er damit? Ich übersetze dieses Wort durchweg mit »Vertrauen«: Das umfasst mehr als nur eine Tätigkeit des Verstandes, sondern betrifft das Herz, umfasst unsere ganze Existenz. Vertrauen heißt: sich vollkommen verlassen!

Dass wir uns auf Christus verlassen und von ihm her wahrzunehmen und zu bedenken suchen, wie es um uns und die Kirche steht – darin liegt das Geheimnis der Möglichkeit kirchlichen Handelns inmitten aller Krisen. Denn das verändert mehr als nur Einstellungen, es verändert die Lage insgesamt: Perspektivisch, d.h. von Christus her gesehen, haben die gegenläufigen Mächte eben nicht das letzte Wort. Aus der Stille heraus geht es weiter. »Wo menschlicher Rat am Ende ist, kann nur noch der wieder erwachte, das Ruder dirigierende Christus die Ängste bannen und das Schiff vor dem Versinken retten.« (Alfred Jäger)

IV. Bestätigung

Und damit bleibt als letzte Erfahrung, dass es in der Kirche letztlich um jene Frage geht, die die Jünger umtreibt: »Wer ist der?« (V. 41) Genügend Eindrücke – bisweilen recht wundersame – hatten sie auf dem gemeinsamen Weg bisher sammeln können; vieles war dabei, das nicht in die hergebrachten Denkmuster passte.

Und doch brachten sie das alles noch nicht mit dem zusammen, was sie jetzt erlebten.

Eigentlich wissen wir, worum es geht. Aber es gibt einen unberechenbaren und nicht planbaren Überschuss, der die Frage offen hält: »Wer ist der?« Keine voreiligen, angelernten Antworten bitte, die verführerisch schnell bei der Hand sind! Nicht zu schnell mit dieser Frage nach Jesus fertig sein!

Viel angemessener ist wohl das Eingeständnis, dass wir da oft erst am Anfang stehen – nicht um zu verzweifeln, sondern damit wir daraus die große Gewissheit gewinnen: dass sich uns in unruhiger Zeit ungeahnte Möglichkeiten in der Kirche und mit der Kirche auftun, wenn wir unser Vertrauen auf Christus setzen und ihn um seine wache Gegenwart bitten.

»Wer ist der?« – das ist eine längst beantwortete und doch stets offene Frage. Da haben wir weiter hinzuzulernen – für unseren Glauben und unser Handeln. Proben aufs Exempel werden mehr als genug kommen. Da bin ich mir ziemlich sicher. Das hat jede Fahrt auf dem See so an sich. Aber wie damals ist es keine »letzte Fahrt der Titanic«, auf der wir uns befinden. Christus ist in seiner Kirche dabei – manchmal nicht zu spüren, manchmal ganz handfest. Und wenn es drauf ankommt, sind ihm auch Wind und Meer gehorsam!

Zutrauen

Markus 10,46-52

I. Eine biblische Heilungsgeschichte

Den Zugang zu meinem Thema »Christliche Werte in der Medizin: ›Zutrauen‹ als Grundorientierung für Arzt und Patient« suche ich auf eine womöglich überraschend erscheinende Weise: über eine der biblischen Erzählungen, die von einer Heilung durch Jesus berichten.

In der kunstvoll konzipierten Geschichte vom blinden Bartimäus (Mk 10,46-52) lassen sich Strukturanalogien entdecken, die es trotz aller zeitlichen Distanz zur damaligen Welt ermöglichen, Auskünfte über Grundorientierungen in der Beziehung von Arzt und Patient zu erhalten. Denn biblische Heilungsgeschichten sind immer auch *Beziehungsgeschichten.*

46 Und sie kamen nach Jericho. Und als er aus Jericho wegging, er und seine Jünger und eine große Menge, da saß ein blinder Bettler am Wege, Bartimäus, der Sohn des Timäus.

47 Und als er hörte, dass es Jesus von Nazareth war, fing er an, zu schreien und zu sagen: Jesus, du Sohn Davids, erbarme dich meiner!

48 Und viele fuhren ihn an, er solle stillschweigen. Er aber schrie noch viel mehr: Du Sohn Davids, erbarme dich meiner!

49 Und Jesus blieb stehen und sprach: Ruft ihn her! Und sie riefen den Blinden und sprachen zu ihm: Sei getrost, steh auf!

Er ruft dich!

50 *Da warf er seinen Mantel von sich, sprang auf und kam zu Jesus.*

51 *Und Jesus antwortete und sprach zu ihm: Was willst du, dass ich für dich tun soll? Der Blinde sprach zu ihm: Rabbuni, dass ich sehend werde.*

52 *Jesus aber sprach zu ihm: Geh hin, dein Glaube hat dir geholfen. Und sogleich wurde er sehend und folgte ihm nach auf dem Wege.*

Blindheit, gar als Blinder geboren zu werden, bedeutete zur Zeit Jesu eine persönliche und soziale Stigmatisierung. Eine eigenständige Existenz war ausgeschlossen. Man blieb auf die Solidarität seiner Familie angewiesen oder musste sich mit Betteln das Überleben sichern. Zudem wurde Krankheit oft als Folge von Verfehlungen gedeutet, derer sich der Kranke oder seine Angehörigen schuldig gemacht haben könnten. Somit trat auch eine religiöse Ausgrenzung hinzu.

Jesus geht der Ruf des Heilers voraus. Die Kunde, dass er in der Nähe vorbeikomme, lässt den Blinden alle Kräfte mobilisieren. Entschieden versucht Bartimäus, aus der Anonymität herauszutreten und auf sein Schicksal aufmerksam zu machen. Und in der Tat: Das gelingt. Jesus bleibt stehen und stellt die – angesichts des offenkundigen Krankheitsbildes – zunächst seltsam anmutende Frage: »Was willst du, dass ich für dich tun soll?« Der Blinde formuliert seinen tiefsten Lebenswunsch, und Jesus schließt die kurze Begegnung mit dem Satz: »Geh hin, dein Glaube hat dir geholfen.« Darauf erlangt Bartimäus seine Sehkraft wieder. Er ist geheilt – nicht nur leiblich, sondern auch seelisch. Als Geheilter ist er wieder in die Gemeinschaft integriert.

II. Folgerungen für die Beziehung von Arzt und Patient: »Was willst du, dass ich für dich tun soll?«

Für unser Thema lassen sich aus dieser Geschichte drei unmittelbare Einsichten ableiten:

1. *Die Beziehung des Patienten zu seiner Krankheit:* Der Kranke muss sich seiner Krankheit bewusst sein, wenn er denn Heilung will – ganz gleich, ob wir dieses Kranksein als einen objektiv feststellbaren Zustand oder als eine auch subjektive Beschreibung des sich Krankfühlens auffassen. Er benötigt eine eigene Beziehung zu dem, was ihn einschränkt, schmerzt oder behindert. Erst dies bringt ihn dazu, Patient, also »Leidender«, zu werden und um Hilfe zu suchen, damit sein Zustand gelindert oder seine Einschränkung überwunden wird. Die eigene Krankheit zu leugnen – wie es nicht selten geschieht –, ist demgegenüber Ausdruck einer Beziehungslosigkeit. Wer aber kein Verhältnis zu sich selbst gewinnt, versperrt sich von vornherein die Perspektive, eine Erkrankung anzugehen und zu überwinden.

2. *Die Beziehung des Patienten zum Arzt:* Der Kranke wendet sich mit seinem Problem an einen Fachkundigen, von dem er sich Heilung verspricht. Ohne den grundsätzlichen Vorschuss an *Zutrauen* in die Möglichkeiten der Heilkunst und des Heilkundigen entsteht die Beziehung von Patient zu Arzt erst gar nicht. Schon vor der ersten Konsultation speist sich dieses Zutrauen auf Seiten des Patienten aus Erwartungen an den Arzt. Das ist ein enormes Kapital, das sich in der weiteren Beziehung ausbauen

lässt, aber auch durch eine misslungene Begegnung gestört und vernichtet werden kann.

3. *Die Beziehung des Arztes zum Patienten:* Die eigentümliche Frage Jesu: »Was willst du, dass ich dir tun soll?« lenkt den Blick auf die *Mitbeteiligung* (und damit die notwendige Eigenverantwortung) des Patienten. Auch ihm wird etwas zugetraut: sein Leiden, das ihn belastet und isoliert, klar anzusprechen, seinen Heilungswunsch offen zu benennen und die Folgen einer möglichen Heilung zu tragen. Er ist nicht bloßes Objekt ärztlichen Handelns. Im Akt des Zutrauens, das vom Arzt ausgeht, drückt sich der Respekt vor dem Gegenüber des Patienten, vor seiner Würde und Individualität aus.

Verallgemeinernd lässt sich demnach sagen: Die Voraussetzungen einer möglichen Heilung sind dort geschaffen, wo die Beziehung zwischen Arzt und Patient durch *gegenseitiges Zutrauen* bestimmt ist.

»Zutrauen« meint im Zusammenhang der Beziehung von Arzt und Patient mehr als »Vertrauen«[1]. Während »Vertrauen« hier nur eine einseitige Ausrichtung impliziert (»Der Patient vertraut dem Arzt«), kann »Zutrauen« reziprok im Sinne einer prinzipiellen Gegenseitigkeit verwendet werden (auch wenn sich die inhaltliche Bestimmtheit des Zutrauens unterscheiden mag). In dieser prinzipiellen Reziprozität liegt

---

1 Vgl. Deutsches Wörterbuch von Jacob und Wilhelm Grimm, Bd. 32 = Bd. 16, Nachdruck München 1984, Sp. 869: Zutrauen ist »gegenüber dem mehr sachlichen Vertrauen überwiegend persönlich gemeint«.

sein entscheidender semantischer Vorteil, um die Beziehung von Arzt und Patient beziehungsweise Patient und Arzt zu kennzeichnen.

III. Gegenwärtige gesellschaftliche Rahmenbedingungen als Belastung des Zutrauens in der Beziehung von Arzt und Patient

Die charakterisierte spezifische Beziehung zwischen Arzt und Patient ist eingebettet in die Struktur allgemeiner zwischenmenschlicher Beziehungen und verläuft in vielen Fällen eher unspektakulär, solange es sich um relativ harmlose Erkrankungen handelt. Sie wird jedoch hoch komplex, wenn es im ernsteren Fall zwischen beiden Akteuren um Leben und Tod geht. Von dieser Warte aus gesehen ist es alles andere als gleichgültig, wie sich diese Beziehung entwickelt, denn ihre Störung oder ihr Scheitern hat für beide Seiten unmittelbare Folgen.

1. Sie ist schon dadurch belastet, dass die zunehmende Ökonomisierung vor unserem Gesundheitssystem nicht halt macht: Vermehrt wirken sich Budgetierung, Rationalisierung und andere Sparmaßnahmen aus, sodass sich für den Patienten der Arzt immer mehr als *Dienstleister* herausstellt, der eine entsprechende Dienstleistung, nämlich Gesundheit, zu erbringen habe. Das Verhältnis gegenseitigen Zutrauens wird durch ein Vertragsverhältnis mit entsprechender Anspruchshaltung abgelöst.

2. Auch das wachsende *Sekuritätsbedürfnis* belastet die Beziehung zwischen Arzt und Patient. Es führt zu einer immer stärker um sich greifenden Verrechtlichung im Gesundheitsbereich, die bis in die intimsten Gespräche zwischen Patient und Arzt hineinwirkt. In der Vorbereitung einer Operation kommt es zum Einsatz umfangreicher und komplizierter Fragebogen, ohne deren Kenntnisnahme und Zustimmung durch Unterschrift kein Eingriff erfolgen kann. Allerdings verunsichern diese Formulare mit ihren Hinweisen auf Risiken und Nebenwirkungen in ihrer juristischen Sprache und die entsprechenden Informationsgespräche auch – insbesondere, wenn Antworten nicht klar verstanden werden oder Patienten sich nicht in der Lage sehen, mögliche Gefährdungen richtig einzuschätzen. So kann das ursprüngliche und für den Heilungsprozess konstitutive Zutrauen von Zweifeln durchsetzt und ausgehöhlt werden. Manchmal gewinnt man den Eindruck, als begünstige die Verrechtlichung des Gesundheitswesens einen prinzipiellen Argwohn auf beiden Seiten: bei Ärzten wie bei Patienten.

3. In unserer Gesellschaft hat sich eine Verschiebung ergeben, in der das religiöse Heil als höchstes Gut von der Gesundheit abgelöst wurde. Beigetragen zu dieser Sicht der Dinge hat gewiss auch ein verkürztes Menschenbild, bei dem Krankheit als reine Störung verstanden wird, die der Arzt unter Anwendung der richtigen Mittel wieder zu beseitigen habe – so als sei die Herstellung der Gesundheit ein rein *monokausaler Vorgang*. Allzu oft wird die Eigenverantwortlichkeit des Patienten für seinen Körper zu wenig ernstgenommen. Weil dieses schlichte Men-

schenbild weit verbreitet ist, gerät nicht nur die Zuständigkeit für den eigenen ungesunden Lebensstil als möglicherweise krankmachender Faktor aus dem Blick. Zugleich erfolgt auch die Schuldzuweisung für ausbleibende Therapieerfolge oder Heilung in Richtung des behandelnden Arztes, der angeblich persönlich versagt habe. Die potentielle Unsicherheit im Blick auf den Erfolg der Therapie muss aber von beiden Seiten einkalkuliert und ausgehalten werden, denn dies bringt Klarheit und Aufrichtigkeit in die Beziehung zwischen Arzt und Patient, wenn diese nicht durch überzogene Heilungserwartungen oder Heilungsversprechen gestört werden soll. Es geht also um ein Zutrauen, das auch das Ausbleiben der Heilung, ja den Tod, einschließen muss.

IV. Beziehungsarbeit: Zutrauen entwickeln

Wie kann Zutrauen in der Beziehung von Arzt und Patient unter gegenwärtigen Bedingungen konkret werden und sich als Leitwert auswirken? Im Gespräch mit einem Patienten versucht der Arzt zu klären, was den Kranken beeinträchtigt. Er muss sich darüber innerhalb kürzester Zeit klar werden und bezieht dabei ausdrücklich auch Körpersprache, Gesten und Mimik mit ein. Er prüft, ob der Kranke nonverbal vielleicht noch etwas ganz anderes mitteilt, als was er selbst zur Sprache bringt. Will der Kranke wirklich seine Krankheit überwinden oder schätzt er am Ende doch den subjektiven Krankheitsgewinn in Form von Zuwendung und Aufmerksamkeit, Bequemlichkeit und Sonderstatus höher ein? Das Gespräch mit dem Patienten zielt jedoch nicht nur auf Informationszuwachs über die Krankheit. Vielmehr versucht der Arzt mit seiner medizinischen und psychosozialen Kompetenz auch, eine stabile Beziehung gegenseitigen Zutrauens entstehen zu lassen, die für den möglichen Heilungsverlauf günstig ist, weil damit Einwilligung (»compliance«) erzielt wird. Gleichzeitig soll der Patient in seiner Individualität mit seiner persönlichen Lebens- und Krankengeschichte wahrgenommen werden – wenn auch unter dem spezifischen Blickwinkel, eine Diagnose zu erstellen. Dies gelingt umso besser, je mehr Arzt und Patient eine gemeinsame Sprache finden. So kann das Zutrauen des Patienten in das medizinische Expertensystem gestärkt werden, dessen Sprache zunächst distanzierend wirkt.

Seinerseits muss der Arzt dem Patienten zutrauen, dass er ein vielleicht bisher diffuses Leiden klar zu Sprache bringt, dass er offen und ehrlich über dessen Facetten spricht, dass er auf die anamnetischen Fragen und therapeutischen Interventionen positiv reagiert, die verständlich – und im Ernstfall behutsam – dargelegte Diagnose erträgt und gegebenenfalls die Therapievorschläge akzeptiert.

Die Beziehung Arzt – Patient steht freilich trotz gegenseitigen Zutrauens in einer unauflöslichen Asymmetrie. Sie ergibt sich aus dem unterschiedlichen Niveau an Wissen, Kompetenz und Information. Daran ändert die Tatsache nichts, dass der Patient »Fachmann« seiner eigenen Erkrankung sein kann und in der Regel nur er wirklich authentisch aus eigener Erfahrung von ihr redet. Gewiss ist jede Erkrankung trotz eines allgemeinen Krankheitsbildes individuell! Aber ein Gespräch auf »gleicher Augenhöhe« zwischen Patient und Arzt bleibt wegen der genannten Unterschiede illusionär.

Dennoch gibt es kein Zurück zu einem paternalistischen Verhältnis, in dem der Arzt allein und ausschließlich den gesamten Prozess steuert. Es entspricht dem Gedanken der Individualität jedes Menschen und seiner besonderen Würde, wenn in der Arzt-Patienten-Beziehung Therapieentscheidungen angestrebt werden, die gemeinsam verantwortet sind. Es kommt darauf an, dass der Arzt dem Patienten zutraut, mitdenken zu wollen und Mitverantwortung für den weiteren Verlauf der Behandlung zu übernehmen. Dies kann den Arzt in gewisser Hinsicht auch entlasten.

Die im gegenseitigen Zutrauen gewachsene und bewährte Beziehung hält es aus, dass der Arzt zu einem abgestuften Umgang mit der Wahrheit gelangt, weil er nach seiner gewissenhaften Entscheidung nicht alles, was er weiß, sofort und unmittelbar dem Kranken und den Angehörigen zumuten kann. Dies setzt voraus, dass Raum und Zeit zur Verfügung stehen, eine solche zutrauensvolle Beziehung zu begründen, auszubauen und zu bestätigen. Die Rahmenbedingungen unseres Gesundheitswesens stehen dem jedoch diametral entgegen!

V. Die religiöse Dimension des Zutrauens: »Dein Glaube hat dir geholfen«

Durch Leiden, Krankheit und Tod werden Menschen in ihrer Existenz in Frage gestellt. Unter dem Eindruck dieser Bedrohung ist die Suche nach Sinn existentiell. Hier kann sich das Deutungsangebot des Glaubens bewähren, das vom liebenden und sich erbarmenden Gott spricht, der in Jesus Christus auch die bezwingende Macht der Krankheit und des Todes überwunden hat.

Jede Heilung bleibt aber von Rückschlägen und das Leben prinzipiell vom Tod bedroht. Wo Heilung gelingt, ist sie der Vorschein einer anderen Wirklichkeit, die weder Leid noch Schmerz kennt (Offb 21,4).

So zeigt die Kategorie des Zutrauens ihre fundamentale Bedeutung auch für die Beziehung zu Gott, ja ist hier wesenhaft verankert: Dieses Zutrauen realisiert und aktualisiert sich vor allem im *Gebet,* das die eigene menschliche Begrenzung (auch in Gestalt von Krankheit und Behinderung) kennt und um die Souveränität Gottes weiß und ihm deshalb alles anzuvertrauen vermag. Das Gebet kann für Arzt wie Patient der Ort sein, Zutrauen einzuüben. Es macht menschlich, denn es lässt Gott wirklich Gott sein und befreit uns von eigenen Allmachtsfantasien (auch im Blick auf die medizinischen Möglichkeiten). Aber es erschließt zugleich die Erfahrung, dass Gott uns Heilung zukommen lässt, sie uns also »zutraut«.

Letztlich ist also das Zutrauen in Gott die Voraussetzung dafür, einander als Arzt wie als Patient mit Zutrauen zu begegnen. Christlicher Glaube und medizinisches Handeln bleiben – wie so oft – auch an dieser Stelle eng aufeinander bezogen. Christliche Grundorientierungen in der Medizin sind keine hehre oder gar hohle Forderung, sondern können eine ebenso selbstverständliche wie notwendige Basis für die Gestaltung der Beziehung von Arzt und Patient sein.

Der barmherzige Samariter
Lukas 10,25-37

25 Und siehe, da stand ein Schriftgelehrter auf, versuchte ihn und sprach: Meister, was muss ich tun, dass ich das ewige Leben ererbe?

26 Er aber sprach zu ihm: Was steht im Gesetz geschrieben? Was liest du?

27 Er antwortete und sprach: »Du sollst den Herrn, deinen Gott, lieben von ganzem Herzen, von ganzer Seele, von allen Kräften und von ganzem Gemüt, und deinen Nächsten wie dich selbst«.

28 Er aber sprach zu ihm: Du hast recht geantwortet; tu das, so wirst du leben.

29 Er aber wollte sich selbst rechtfertigen und sprach zu Jesus: Wer ist denn mein Nächster?

30 Da antwortete Jesus und sprach: Es war ein Mensch, der ging von Jerusalem hinab nach Jericho und fiel unter die Räuber; die zogen ihn aus und schlugen ihn und machten sich davon und ließen ihn halb tot liegen.

31 Es traf sich aber, dass ein Priester dieselbe Straße hinab zog; und als er ihn sah, ging er vorüber.

32 Desgleichen auch ein Levit: Als er zu der Stelle kam und ihn sah, ging er vorüber.

33 Ein Samariter aber, der auf der Reise war, kam dahin; und als er ihn sah, jammerte er ihn;

34 und er ging zu ihm, goss Öl und Wein auf seine Wunden und

verband sie ihm, hob ihn auf sein Tier und brachte ihn in eine Herberge und pflegte ihn.

35 *Am nächsten Tag zog er zwei Silbergroschen heraus, gab sie dem Wirt und sprach: Pflege ihn; und wenn du mehr ausgibst, will ich dir's bezahlen, wenn ich wiederkomme.*

36 *Wer von diesen dreien, meinst du, ist der Nächste gewesen dem, der unter die Räuber gefallen war?*

37 *Er sprach: Der die Barmherzigkeit an ihm tat. Da sprach Jesus zu ihm: So geh hin und tu desgleichen!*

I. Der steinige Weg

Es war ein Mensch, der ging von Jerusalem hinab nach Jericho: Im Herbst 2008 habe ich diesen Weg wieder zu Fuß zurückgelegt. Auf einer Strecke von etwa 27 km überwindet er rund tausend Höhenmeter. Knapp fünf Stunden brauchen wir für etwas mehr als die Hälfte.

Was Jesus fast beiläufig erzählt, ist heutzutage der Übergang von einer Welt in eine andere. Mit dem Taxi geht es frühmorgens die breite Ausfallstraße aus Jerusalem hinaus, vorbei an dem schwer bewachten israelischen Kontrollposten, der die Zufahrt zur Stadt sichert. Das Heilige Land ist geteilt. Und wer auf biblischen Spuren zu gehen versucht, spürt das besonders schmerzlich! Jenseits von Jerusalem liegt der Weg nach Jericho auf besetztem Gebiet und führt vorbei an einer Anzahl israelischer Siedlungen. Es ist eine karge Landschaft, die wir durchqueren. In der Höhe der Siedlung Kar Asuman zweigen wir ab und lassen uns am Parkplatz oberhalb des Wadi Qelt absetzen. Außer uns sind um diese Zeit nur einige wenige palästinensische Souvenirverkäufer da. Sonst niemand. Völlige Stille. Mit einem Mal scheint alles hinter uns zu liegen, was uns in den Tagen zuvor an politischen und religiösen Problemen im Heiligen Land beschäftigt hat.

Wir steigen hinab: auf einem schmalen Weg hinunter ins Wadi Qelt, in das ausgetrocknete, enge Felsental. Wir steigen hinab in die biblische Geschichte, die sich hier ereignet haben könnte. Menschenleer ist der Weg. Und anstrengend dazu. Über Geröll geht es Biegung um Biegung weiter. Hinter jeder Ecke könnten sie lauern, stelle ich mir bildlich vor: die Wegelagerer – besonders, wenn die Sonne untergegangen ist und nicht, wie bei uns, aufgeht. Schon der jüdische Geschichtsschreiber Josephus schildert den Weg als »einsam und felsig« (Bellum Iudaicum IV, 8,3).

Ich bin kein Freund von Festlegungen in dem Sinn: »Das war hier … und das hat sich dort zugetragen.« Wer weiß das denn so genau – und was trägt es aus, wenn ich es wüsste? Aber der Weg von Jerusalem nach Jericho ist der alte Weg, den auch damals die Menschen gehen mussten. Es ist ein steiniger Weg. So ist er bis heute geblieben, da es längst die breite Straße zum Toten Meer gibt mit ihrem Abzweig nach Jericho ins Autonomiegebiet, das doch nicht autonom ist. Es ist ein steiniger Weg, auf den uns Jesus mitnimmt – und eine steinige Geschichte: bis heute.

II. Die steinige Geschichte

»Mensch, wo bist du?« Die Losung des Bremer Kirchentages 2009 könnte über dieser Erzählung stehen. »Mensch, wo bist du?« So könnte der verletzt am Wegesrand Liegende geschrien haben, als die ersten beiden Männer ungerührt an ihm vorübergingen: Passanten im wahrsten Sinn des Wortes!

Die Geschichte vom »barmherzigen Samariter«, wie die Überschrift in der Lutherbibel lautet, ist uns vertraut – selbst über den christlichen Horizont hinaus. Bilder aus der eigenen Kinderzeit oder aus der Kunstgeschichte tauchen vor dem inneren Auge auf. Der »barmherzige Samariter« ist sprichwörtlich und in der Gestalt des ASB, des »Arbeiter-Samariter-Bundes«, sogar zu einer Marke im Geschäft sozialer Dienste geworden. Es gibt tatsächlich biblische Geschichten und Gestalten, die kulturprägende Kraft entwickelt haben.

Aber schauen wir genauer hin: Unser Bibelabschnitt zerfällt deutlich in zwei Teile. Die ersten Verse (V. 25 bis 28) berichten von einem Dialog Jesu mit einem Schriftgelehrten im Stil eines gelehrten rabbinischen Streitgesprächs. Um nichts Geringeres als das ewige Leben geht es. Auffallend ist dabei: Es gibt keine Diskrepanz zwischen den beiden. Sie sind sich in der Auslegung der Tora einig: Gottes- und Nächstenliebe gehören untrennbar zusammen (5. Mose 6,5 und 3. Mose 19,18). Rechte Gottesliebe ist ohne Nächstenliebe unvorstellbar.

Die Verbindung beider Gebote zum Doppelgebot der Liebe ist keineswegs eine Neuigkeit, die Jesus mit seiner Verkündigung des Willens Gottes gebracht hätte. Sie steht ganz und gar innerhalb der jüdischen Tradition, in der Jesus beheimatet war. Niemand sollte versuchen, ausgerechnet hier einen Unterschied zwischen Altem und Neuem Testament zu konstruieren! Es gibt ihn nicht. Deshalb ist es nur konsequent, dass der Dialog zwischen Jesus und dem Schriftgelehrten einvernehmlich endet: »Du hast recht geantwortet; tu das, so wirst du leben.« (V. 28)

Das Doppelgebot der Liebe lesen wir auch bei den Evangelisten Markus (12,28-31) und Matthäus (22,34-40). Aber die anschließende Beispielerzählung vom »barmherzigen Samariter« (V. 30 bis 35), also der zweite Teil unseres Abschnitts, findet sich nur im Lukasevangelium.

Jetzt wird es ganz praktisch. Jetzt geht es zur Sache: Denn wer der oder die »Nächste« ist, kann man nicht theoretisch erklären, sondern das wird erst in der konkreten Begegnung erkennbar. Jeder oder jede kann anderen zu »Nächsten« werden.

Wir müssen da genau hinsehen: Der »Nächste« ist nicht – wie man vielleicht meinen könnte – der Beraubte und Niedergeschlagene am Wegesrand, sondern der »Nächste« ist, wer sich von der Not anrühren lässt, wer sich erbarmt und die erste Hilfe leistet.

Es ist viel darüber spekuliert worden, warum der Priester dem Halbtoten nicht geholfen hat. Kultische Gründe, sich zu verunreinigen, können es nicht sein, denn er war nicht auf dem Weg zum Tempel, sondern kehrte offensichtlich von seinem Tempeldienst nach Hause zurück. Dasselbe gilt von dem zweiten, der vorbei kommt: einem Leviten, einem Tempeldiener. Es sei, wie es sei. Eines jedenfalls bestätigt sich: Frömmigkeit schützt nicht vor Kaltherzigkeit und Achtlosigkeit. Sollte ich etwa sagen: im Gegenteil?

Jede gute Erzählung, auch jeder gute Witz kennt, wenn es um die Pointe geht, zwei Fehlversuche. Alle, die schon damals Jesus zuhörten, wussten also: Nach den beiden, die sich der Nächstenliebe versagen, kommt jetzt der Dritte. Da muss die Pointe sitzen. Die Spannung steigt!

Und Jesus enttäuscht nicht: Der Dritte ist tatsächlich kein Passant mehr, geht nicht einfach vorbei, sondern bleibt stehen und hilft. Aber nicht nur das! Er fällt vollkommen aus dem Rahmen, denn er ist kein Jude, sondern Samariter, Angehöriger jener Volks- und Religionsgruppe, die den Israeliten wahlweise als Ketzer oder Heiden galten. Ausgerechnet der wird zum Musterbeispiel dessen, was ein »Nächster« ist.

Bislang war das Geschehen recht knapp berichtet worden. Nun geht es ausführlicher zu: Den Samariter ergreift das Erbarmen (»als er ihn sah, jammerte er ihn«, V. 33), er nimmt eine medizinische Erstversorgung des Verletzten vor und transportiert ihn in eine Herberge, wo er noch die weitere Pflege organisiert und finanziert.

Auch die Samariter suchten die Tora zu befolgen und kannten das Doppelgebot der Liebe. Darin unterschied sich ein Samariter nicht von einem Juden. Aber der Samariter tat das, was sich ihm – im wahrsten Sinne des Wortes – nahelegt. Das macht den Unterschied aus!

Die Provokation Jesu lag darin, dass ausgerechnet der Samariter bewusst oder auch unbewusst die Tora befolgte. Das musste als unerhört erscheinen. Aber gerade deshalb könnte die Moral der Geschichte für uns heute lauten: Angesichts der konkreten Notlagen schwindet das religiös Trennende. Da ist nur noch eines gefragt: Nächstenliebe – oder: reine Menschlichkeit.

III. Die eindeutige Forderung

Die Beispielgeschichte, die uns Lukas berichtet, stellt eine Besonderheit dar. Der Theologe Adolf Schlatter hat schon vor vielen Jahren darauf hingewiesen, in den meisten Gleichnissen Jesu solle durch das, was der Mensch tut, Gottes Wirken verständlich gemacht werden. In der Erzählung vom

»barmherzigen Samariter« werde »dagegen der Mensch dem Menschen vorgestellt«, damit wir an seinem Beispiel unser eigenes Verhalten ausrichten.

Erinnern wir uns noch einmal: Der Schriftgelehrte und Jesus hatten Einvernehmen darüber erzielt, dass im Doppelgebot der Gottes- und der Nächstenliebe der Kern des Glaubens zusammengefasst sei. In der Erzählung geht es dann aber gar nicht mehr um Religion und darum, wer etwa im Blick auf Gott recht hat und wer nicht. Das Beispiel, das Jesus entfaltet, überzeugt vielmehr in sich selbst: unabhängig vom Glauben, den jemand für sich beansprucht – oder eben auch nicht beansprucht. Angesichts der konkreten Notlage des Überfallenen kann es nämlich keine Diskussion und auch keinen religiös begründeten Dissens darüber geben, was zu tun sei. Es ist völlig offensichtlich, dass ein hilfsbedürftiger Mensch unsere Zuwendung braucht; es ist evident, dass diese Hilfeleistung moralische Pflicht eines jedes Menschen ist. Die ersten beiden, die vorbeikommen, entziehen sich dem und werden dadurch unmenschlich. Erst der dritte, der Samariter, lässt sich von dem, was vor Augen ist, im Innersten anrühren und hilft. Erst er ist barmherzig – und damit wahrhaft menschlich.

Dass es Situationen gibt, in denen klar und eindeutig ist, was wir zu tun haben, ist für mich die grundlegende Einsicht unseres Bibelabschnitts. Es gibt davon mehr, als wir meinen! Sicher: Wir kennen komplizierte ethische Konfliktfälle, die eine ausführliche Diskussion und Abwägung unterschiedlicher Interessen und Argumente erfordern. Denken wir nur an die vielschichtigen Konfliktkonstellationen, die zu Beginn und am Ende menschlichen Lebens auftreten können. Aber viel häufiger ist unmittelbar einleuchtend, welches Verhalten moralisch geboten ist. Auf die Frage: »Mensch, wo bist du?« kann dann nur als Antwort folgen: »Hier bin ich« – und was dieses »Hier bin ich« bedeutet, zeigt sich in unserer konkreten Menschlichkeit, in unserer Mitmenschlichkeit, in unserer Barmherzigkeit.

Nächstenliebe gibt es demnach jenseits aller Religion! Nicht die Nächstenliebe ist das religiöse Problem, um das wir streiten können, sondern die Gottesliebe. Aber die Gottesliebe hängt mit der Nächstenliebe zusammen. Würde also gelebte Nächstenliebe den Streit um die Gottesliebe entschärfen?

IV. Die Steine des Anstoßes

Der Dialog der Religionen ist in unserem Land eine wichtige Aufgabe. Wie so oft ist das, was wichtig ist, nicht einfach! Der Weg besteht aus Stolpersteinen. Ich komme aus Hessen. Da hatte sich ein heftiger Streit um die Verleihung des Hessischen Kulturpreises entzündet, der inzwischen längst die Feuilletons der großen deutschen Tageszeitungen ergriffen hat. Zum eigentlichen Konflikt will ich mich gar nicht äußern. Manches, was verlautbart wurde, trägt wenig aus und wäre besser ungesagt geblieben. Deutlich wurde allerdings wieder einmal, wie schwierig die Begegnung zwischen Menschen unterschiedlicher Religion ist.

Es lässt sich ja nicht leugnen: Wenn wir uns als Christen und Muslime begegnen und aus unserem Glauben heraus argumentieren, gibt es deutliche Unterschiede! Diese Unterschiede dürfen in einem Miteinander und einem Dialog unserer Religionen weder verharmlost noch verschwiegen werden.

Um im Bild zu bleiben: Der Weg aufeinander zu ist ein steiniger, holpriger Weg und keine Rennstrecke.

Die Geschichte vom »barmherzigen Samariter« legt es für mich nahe, den Ausgangspunkt nicht bei den großen theologischen Themen, sondern schlicht und einfach bei der Nächstenliebe zu wählen. Diese Begrenzung soll die strittige Gottesfrage nicht abwerten oder in den Hintergrund drängen, aber sie kann dazu verhelfen, eines nach dem anderen zu betrachten.

Der Stein des Anstoßes in der Geschichte, die Jesus erzählt, ist für alle ja offensichtlich: Ausgerechnet ein Samariter, ein Außenseiter, einer, der religiös und politisch anders ist, wird als nachahmenswertes Beispiel gewählt. Wen würde Jesus wohl nennen, wenn er diese Geschichte in unserem heutigen gesellschaftlichen Kontext erzählte? Er könnte durchaus einen Muslim oder eine Muslima zum Vorbild nehmen. Und wir Christen müssten erkennen: Auf Nächstenliebe gibt es keinen Monopolanspruch. Auch jene, von denen wir uns in der Gottesliebe unterscheiden, sind in gleicher Weise wie wir fähig, menschlich zu handeln. Denn für beide ist Menschenliebe Ausdruck wahrer Gottesliebe!

Der Offene Brief, den 138 führende islamische Gelehrte am 13. Oktober 2007 als Reaktion auf die Regensburger Rede von Papst Benedikt XVI. an den Papst und hochrangige Vertreter von christlichen Kirchen in der ganzen Welt sowie an die ganze Christenheit gerichtet haben, weist ausdrücklich darauf hin, dass auch der Islam das Gebot des Friedens und der Liebe kenne. Da lese ich: »Im Gehorsam gegenüber dem Qur'an laden wir als Muslime die Christen ein, mit uns auf der Grundlage dessen zusammen zu kommen, was uns gemeinsam ist, dem Wesentlichen unseres Glaubens und dessen Praxis: den Zwei Geboten der Liebe. […] Wenn auch der Islam und das Christentum offensichtlich zwei verschiedene Religionen sind, […] ist es klar, dass die Zwei Höchsten Gebote ein Gemeinsames und eine Verbindung zwischen dem Qur'an, der Torah und dem Neuen Testament darstellen.« (5. Mose 6,4, Mk 12,29 und Sure 112,1-2)

Das war ein bemerkenswertes und viel beachtetes Wort. Denn es geht über die allen Menschen gebotene Nächstenliebe hinaus und betont, dass uns auch das Gebot der Gottesliebe eint. Keine Religion, so sehr sie sich auch inhaltlich von einer anderen unterscheidet, darf jemals gegen das Tun der Liebe verstoßen, also dessen, was uns Menschen nützt und hilft. Und wenn sie Liebe übt – dann ohne Ausgrenzung, ohne falschen Eifer und ohne Rechthaberei.

Denn wer das Nächstliegende tut, wer Nächstenliebe, wer Menschenliebe übt, hat immer schon Recht! Nicht anders kann ich Jesus verstehen, wenn er sagt: »So geh hin und tu desgleichen!« (V. 37) Fangen wir also an – gemeinsam als Christen und Muslime. Bedarf dazu gibt es in unserer Gesellschaft genug. Wir sind gemeinsam gefragt, ihr eine menschliche Gestalt zu geben und jene besonders wahrzunehmen, die an den Rand gedrängt oder unter die Räder geraten sind.

So kommen wir einander näher, lernen uns kennen und verstehen. Das ist die beste Voraussetzung dafür, dann auch in weiteren kleinen Schritten die großen Fragen unserer Religionen in gegenseitiger Achtung anzugehen. Ich bin mir sicher: Es werden Steine übrigbleiben. Das ist so. Aber es sind weniger als vorher.

Kirchenbilder
Apostelgeschichte 16,6-10

I. Eine notwendige Vorbemerkung

Um die Wende zum 20. Jahrhundert hat der katholische Theologe Alfred Loisy das Bonmot geprägt: »Jesus predigte das Reich Gottes – doch was kam, war die Kirche.« Das ist eigentlich noch recht harmlos ausgedrückt: Denn was schließlich kam, waren die Kirchen (im Plural!), und in den Kirchen nochmals die unterschiedlichsten Leitbilder, was Kirche eigentlich zu sein habe.

»Welche Kirche wollen wir?«, lautet unser Thema. Es suggeriert: Wir können auswählen und entscheiden unter vorhandenen Angeboten und Modellen.

Aber stimmt das mit der völligen Wahlfreiheit? Oder gibt es Kriterien, an denen wir uns »in unübersichtlicher Zeit« orientieren können? In Epochen der Kirchengeschichte, in denen es um deutliche Entscheidungen ging, ist immer wieder die Bibel befragt worden. Gibt es da Anhaltspunkte?

Nun ist es ja eine Erfahrung, dass man die Bibel sehr wohl im eigenen, vorher schon festgelegten Sinn auslegen kann und dann genau das herausbekommt, was man schon wusste – nur jetzt eben biblisch untermauert. Das reformatorische Prinzip »Allein die Schrift« ist auch bei Evangelischen zumindest fraglich geworden.

Und dennoch: Das alles ändert nichts daran, dass die Aufgabe bestehen bleibt, unsere Leitbilder am biblischen Zeugnis zu prüfen. Deshalb sind immer wieder Bibelarbeiten nötig! Sicher nicht in der Erwartung, eine alle überzeugende Antwort zu erhalten, wohl aber, um Markierungspunkte zu gewinnen, an denen sich unsere Leitbilder orientieren und von denen aus wir sie weiterentwickeln können.

II. Der Blick in die Vergangenheit

Schauen wir also hinein: mitten in die Apostelgeschichte des Lukas, Kapitel 16,6-10. Eine entscheidende Schnittstelle – eine einschneidende Entscheidung. Was hat es damit auf sich?

Die Apostelgeschichte ist nicht das einzige Werk des Autors Lukas, das wir im Neuen Testament finden. Vorher schon hatte er sein Evangelium abgefasst, das den Eintritt Jesu in die Geschichte beschreibt und damit den Beginn des Glaubens an ihn. Jetzt, in seinem zweiten Werk, erzählt er, wie der Glaube »aufbricht«.

Lukas ist Geschichtsschreiber; aber er schreibt nicht nur Geschichten auf oder überarbeitet vorgefundene, sondern fügt sie zu einem durchdachten Gesamtaufriss zusammen. Er ist ein ungemein reflektierender Autor und Kompositeur, er ist Historiker und Kirchenmann zugleich. Über sein Vorgehen gibt er zu Beginn seines Evangeliums methodisch Rechenschaft (Lk 1,1-4). Der Anfang seiner Apostelgeschichte (1,1-3) knüpft daran an. Lukas – das sagt er selbst – ist kein Augenzeuge Jesu. Er ist ein Mann der zweiten, vielleicht sogar der dritten Generation und schaut bereits zurück auf den Weg, den das Evangelium genommen hat.

Natürlich verfasst er sein »Doppelwerk« nicht im Sinne einer rein historischen Chronik, sondern verfolgt eine bestimmte Tendenz: Die Wiederkunft ihres Herrn, die die ersten Christen so brennend erwarteten, ist ausgeblieben. Die Gemeinde, für die Lukas schreibt, hat sich in der Welt eingerichtet. Ihm geht es darum zu zeigen, dass das kein Notbehelf ist und nicht notgedrungen aus Enttäuschung heraus geschehen muss, sondern dass sich darin Gottes Wille widerspiegelt. Nicht bald kommt Christus wieder, sondern: »Ihr werdet die Kraft des heiligen Geistes empfangen, der auf euch kommen wird«. Und damit kann es losgehen: »Ihr werdet meine Zeugen sein in Jerusalem und in ganz Judäa und Samarien und bis an das Ende der Erde.« (Apg 1,8) Dass es die Kirche gibt, ist also kein Missgeschick, sondern sie ist Wirkung des Heiligen Geistes.

Lukas schreibt Kirchengeschichte als *Missionsgeschichte*. Sie beginnt dort, wo Jesus tätig war: in Jerusalem, Judäa, Samarien – Richtung Norden also, aber sie endet nicht an diesen Grenzen, sondern erst an den Grenzen der Welt. Ein halbes Jahrhundert nach Jesu Tod ist die Expansion des Christentums bis ins Zentrum des Römischen Reiches, bis nach Rom, fortgeschritten. Es hat fortan seinen festen Platz in der Weltgeschichte.

Und Lukas schreibt Kirchengeschichte als *Heilsgeschichte*. Es geht nicht um das soziologische Phänomen, wie sich in kurzer Zeit aus unscheinbaren Anfängen das Christentum entwickelt und verbreitet, sondern um die Verkündigung des Evangeliums von Jesus Christus. Deshalb finden wir öfters jene idealisierenden Züge in seiner Darstellung, die den Fortgang der christlichen Mission so glatt und bruchlos verlaufen lassen. Dass es in Wirklichkeit bisweilen schwieriger und spannungsreicher gewesen ist, zeigen die Vergleiche mit den Briefen des Apostels Paulus ganz offenkundig.

Jedoch will Lukas nicht darüber hinwegtäuschen: Die Grenzüberschreitungen haben die ersten christlichen Gemeinden einige Mühen gekostet. Vor allem die Ausweitung der Gemeinden über die Grenzen des jüdischen Volkes hinaus war ein schwieriges Problem. Erst mit dem sogenannten Apostelkonzil in Jerusalem (Apg 15) konnte es befriedigend gelöst werden: Auch die gesetzesfreie Mission an den Heiden wird hier – ohne Forderung nach vorheriger Beschneidung – legitimiert. Ein neues Leitbild von Kirche entsteht also: Die Gemeinschaft aus Juden und Nicht-Juden.

Nach der Klärung dieser elementaren Frage verjüngt sich der Blick des Lukas ausschließlich auf die Missionstätigkeit des Paulus. Die anderen Apostel treten vollkommen zurück. Und die Folgen der Entscheidung für die Hineinnahme der Heiden in das Gottesvolk werden offensichtlich: Die Kirche durchbricht ihre bisherige lokale Begrenzung auf Palästina, Syrien und das südöstliche Kleinasien. Sie erreicht das westliche Kleinasien und das gegenüberliegende Griechenland – also das Kerngebiet der antiken kulturellen Welt. Genau im Zusammenhang dieses großen Impulses nach vorne steht unser Abschnitt.

III. Beobachtungen zum Text

06 Sie zogen aber durch Phrygien und das Land Galatien, da ihnen vom Heiligen Geist verwehrt wurde, das Wort zu predigen in der Provinz Asien.

07 Als sie aber bis nach Mysien gekommen waren, versuchten sie, nach Bithynien zu reisen; doch der Geist Jesu ließ es ihnen nicht zu.

08 Da zogen sie durch Mysien und kamen hinab nach Troas.

09 Und Paulus sah eine Erscheinung bei Nacht: Ein Mann aus
Mazedonien stand da und bat ihn: Komm herüber nach
Mazedonien und hilf uns!

10 Als er aber die Erscheinung gesehen hatte, da suchten wir
sogleich nach Mazedonien zu reisen, gewiss, dass uns Gott
dahin berufen hatte, ihnen das Evangelium zu predigen.

Wie ein gerafftes Reisetagebuch klingen die Verse 6 bis 8 von
Apg 16. Fremde Namen tauchen auf, die wir uns auf der
Landkarte vergegenwärtigen müssen, weil sie uns nicht mehr
geläufig sind. Beobachten wir also den Reiseverlauf im Anschluss an die Zusammenkunft in Jerusalem.

Vielleicht hatte Paulus vor, nach Ephesus, der Hauptstadt
der Provinz Asia, zu gelangen. Zumindest hätte es seiner Mis-
sionsstrategie entsprochen, jeweils von städtischen Zentren
aus die umliegende Region zu erschließen. Aber immer
wieder stellt sich für ihn und seine Begleiter die Erfahrung
ein: Dahin geht es nicht; hier geht es nicht weiter. Fast hat es
den Anschein, als habe sich Paulus etwas plan- und ziellos im
Westen Kleinasiens bewegt, bis er endlich nach Troas an die
Küste gelangt.

Dort erst kommt es anders. In der Hafenstadt kommt
Klarheit in die Pläne des Paulus. Und dies auf eine unge-
wöhnliche Weise: Nachts hat er eine Vision – und nicht nur
das, sondern er hört auch eine Stimme. Deutlich erkennbar,
deutlich vernehmbar. Ein Mensch, als Mazedonier zu identifizieren, erscheint ihm im Traum und sagt einen einzigen
Satz: »Komm herüber nach Mazedonien und hilf uns!« (V. 9)
Eine präzise Richtung ist damit angegeben: Go west!

Ohne auch nur einen Augenblick zu zögern und zu zweifeln, machen sich Paulus und seine Begleitung auf – »gera-

dewegs«, wie es in Vers 11 heißt, also auf der kürzesten Route. Allzu weit und beschwerlich ist die Überfahrt nicht. Da hatte Paulus bei seiner ersten Reise größere Entfernungen per Schiff in Kauf nehmen müssen. Wenn man so will: Geographisch gesehen ist alles nur ein Katzensprung. Um es in Anlehnung an Neil Armstrongs berühmt gewordenen Satz auszudrücken: Was sich hier vollzieht, ist ein kleiner Übergang für die Christen, aber ein großer für das Christentum!

Geschickt hat das Lukas vorbereitet und in seiner Komposition arrangiert: Nach dem Hin und Her auf kleinasiatischem Gebiet geht es nun zielstrebig voran – auf dem Boden Griechenlands. Kaum, dass in Kapitel 15 die Grenzen zwischen Juden und Heiden aufgehoben sind, fallen nun in Kapitel 16 auch die lokalen Grenzen. Die Kirche beginnt, in Europa Fuß zu fassen und hier heimisch zu werden. Es wird Wirklichkeit, was verheißen war: »bis an das Ende der Erde« (Apg 1,8). Deswegen stellt unser Abschnitt eine entscheidende Schnittstelle und eine einschneidende Entscheidung dar.

Paulus fängt auf neuem Terrain an, und führt doch zugleich nur fort, das zu tun, was er immer tat: das Evangelium von Jesus Christus zu verkündigen. Hier wie schon drüben in Asien – nichts anderes, kein anderes, kein besonderes Evangelium für Europa: sondern diese eine und selbe froh- und freimachende Botschaft. Ein Übergang also, und doch ein bruchloser Übergang.

IV. Einsichten

Was können wir aus dieser vergleichsweise kurzen Sequenz innerhalb der Kirchengeschichtsdarstellung des Lukas als Antwort auf die Frage gewinnen: »Welche Kirche wollen wir?« Unmittelbare Handlungsanweisungen, die nur kopiert werden müssten, sicher nicht. Dazu ist die Situation damals gegenüber unserer eigenen denn doch zu verschieden. Dazu ist die Begebenheit auch zu kurz zusammengefasst, um daraus ein erschöpfendes Programm zu entwickeln. Aber völlig einsichtslos müssen wir auch nicht zurückbleiben. Vier Aspekte drängen sich mir aus der Erzählung vom Ruf nach Mazedonien auf, die berücksichtigt werden sollten, wenn es um unsere Leitvorstellungen von evangelischer Kirche geht.

1. Im Zusammenhang mit dem Projekt »Neu-Evangelisierung Europas«, das Papst Johannes Paul II. schon im Jahr 1991 ausrief, bekam Apg 16,6-10 einen besonderen Rang und wurde zur Schlüsselstelle: »Durch den Mazedonier erklärte sich Europa bereit, das Evangelium aufzunehmen«, hieß es aus Rom. Und weiter: »Das Beispiel und der unbesiegbare Glaube des Apostels ermutigen uns, das Wagnis der Neu-Evangelisierung anzugehen.« Mit anderen Worten: Europa wartet auf das Evangelium, und wir Christen sollen es Paulus, dem Prototyp des Evangelisten, gleichtun. So weit, so gut. Aber wie wäre es, die Geschichte einmal anders zu lesen?

Der Mazedonier als Typus des Europäers – gewiss. Aber was für ein Europäer ist das? Eben nicht der selbstbewusste, für den er sich wohl gerne im Lauf der Geschichte gehalten hat, sondern einer, der um Hilfe ruft! Und Paulus als Typus des Verkündigers – gewiss. Aber was für ein Verkündiger: ein Kleinasiate mit einer Botschaft, die den gebildeten Europäern – siehe nur ein Kapitel später in Athen (Apg 17)! – als eine »Torheit« vorkommen musste. Ja, es liegt für mich etwas sehr Bezeichnendes in dieser kleinen Szene: Das Evangelium ist hier heimisch geworden, hat sich inkulturiert, und Europa hat es seinerseits weiterverbreitet. Aber heute? Heute brauchen wir wieder Hilfe von anderswoher! Kommt herüber, sagen wir den Christen aus anderen Ländern und Kulturen, und helft uns! Sagen es denen aus Lateinamerika, aus Afrika, aus Asien. Die europäischen Kirchen kommen nicht weiter ohne die Hilfe derer, die zu uns kommen, um in einer für uns inzwischen unerhörten und unverbrauchten Weise das Evangelium zu verkündigen und zu leben. Das ist der eigentliche Grund, warum ich mich im Weltkirchenrat engagiere.

Eine in diesem Sinne *offene, ökumenische* Kirche – die wünsche ich mir. Für die Gemeinden bedeutet das, ökumenische Partnerschaften nicht nur den ökumenischen »Profis« zu überlassen, sondern Beziehungen von Gemeinde zu Gemeinde zu knüpfen.

2. Den Weg nach Europa haben sich Paulus und seine Begleiter nicht selbst ausgesucht, sondern ihn sich weisen lassen – und zwar recht ungewöhnlich. Sicher, es mag damals für diesen kleinen Kreis einfacher gewesen sein, jener nächtlichen Eingebung zu folgen, als wir das heute in unserer Kirche mit ihren abgestuften und abgestimmten Entscheidungsstrukturen tun könnten. Die garantieren eher den Mittelweg als das Außergewöhnliche. Damit will ich überhaupt nichts gegen langfristige Planungen und Konzeptionen sagen. Aber ganz ohne Anstöße von außen, manchmal tatsächlich unverhofft, kommen wir nicht weiter. Wenn wir solche Zeichen erkennen und uns

klar wird, was an der Zeit ist, geht es nach vorne. Dafür bietet gerade die evangelische Kirchengeschichte genügend Anschauungsmaterial. Es hat sich bewahrheitet, dass sich Gottes Wille auch in der Uneindeutigkeit unserer Welt erschließt.

Eine in diesem Sinne *aufmerksam wahrnehmende* Kirche, die nicht die Augen und Ohren zumacht, sondern hört und sieht und mit Gottes Geist rechnet – die wünsche ich mir. Für unsere Gemeinden bedeutet das, genau und beharrlich hinzuschauen, welche Lebenswelten sie im engsten Umkreis umgeben, und zu versuchen, das Evangelium zu diesen je besonderen Situationen in Beziehung zu setzen. Daraus entstehen die Impulse, die weiterbringen können.

3. Für Lukas hat sich die Kirche in der Welt eingerichtet. Hier ist ihr Zuhause. Das muss nicht notwendigerweise Stillstand bedeuten. Ehe Paulus nach Europa übersetzte, befand er sich keineswegs im Wartestand. Verschiedene Wege schlug er in Kleinasien ein, fast nach dem Leitsatz von »trial and error«. Eine geradezu tröstliche Einsicht ist das für mich: Nicht alles wird gleich beim ersten Mal gelingen; es gibt Irrwege und Sackgassen. Das mag ja auch die Einschätzung mancher im Blick auf die gegenwärtige Lage der Kirche sein. Paulus ließ sich davon nicht entmutigen, sondern versuchte Neues – ohne die Angst, sich darin zu verlieren. Und siehe da, mitten in der Suche nach anderen Wegen begegnete ihm eine klare Einsicht, die er nicht anders als Gottes Weisung deuten konnte.

Eine in diesem Sinne *experimentierfähige* und *experimentierfreudige* Kirche – die wünsche ich mir. Für die Gemeinden bedeutet das, dass die Sorge über den Rückgang der finanziellen Ressourcen nicht dazu verleiten darf, handlungsunfähig zu werden. Es muss finanziell manchmal etwas gewagt werden, was zunächst nicht nach allen Seiten hin abgesichert ist.

4. Mission bedeutete für Paulus »hingehen«. Allein in Apg 16,6-10 finden sich insgesamt sieben Verben der Geh-Bewegung. Die Landessynode von Kurhessen-Waldeck hatte vor Jahren die »einladende Kirche« zum Leitbild erklärt. Daran ist vieles richtig, aber es ist mir zu wenig. Denn immer noch schwingt in diesem Bild die Vorstellung einer »Komm-Struktur« mit. Die Menschen an den Orten, in den Lebenssituationen aufsuchen, wo sie sind, bedeutet, herausgehen zu müssen – nicht nur aus vertrauten Vorstellungen, sondern auch ganz konkret aus angestammten Räumen, um in der Nähe der Menschen das auszurichten, was uns aufgetragen ist: nämlich das Evangelium. Das Wort »Mission« ist glücklicherweise in der evangelischen Kirche wiederentdeckt worden. Was damit gemeint ist, steht für mich immer wieder an – und zwar hier bei uns.

Eine im doppelten Sinn des Wortes *ansprechende* Kirche, die auf andere zugeht und gerade darin attraktiv, also ansprechend wird – die wünsche ich mir. Für die Gemeinden bedeutet das, sich immer wieder der Botschaft des Evangeliums vergewissern zu müssen. Denn nur was wir selbst glaubhaft vermitteln, das wirkt gewinnend.

Um recht verstanden zu werden: Ich habe keine vier Leitbilder für vier Kirchen entwickeln wollen, sondern vier Aspekte, die sich mir für die Gestaltung unserer eigenen Kirche aus diesem biblischen Abschnitt heraus aufdrängen. Sie haben, wie ich meine, ihre geschichtliche Bewährungsprobe nicht erst vor sich, sondern sie haben sie schon hinter sich, denn sie sind erprobt: in der Mission des Apostels Paulus.

Gnade

Epheser 2,4-18

Das Leben auf der Erde bleibt weiterhin vielfachen Gefährdungen ausgesetzt. Nach dem Ende des Ost-West-Konfliktes ist der Gedanke einer »Friedensdividende« rasch verflogen. Die Hoffnung, mit den frei werdenden Mitteln den Nord-Süd-Konflikt wenigstens etwas entschärfen zu können, wurde enttäuscht. Die Kluft zwischen Armen und Reichen ist keineswegs geringer geworden.

Statt Entspannung und Kooperation begleitet uns seit Jahren ein massives Sicherheitsbedürfnis, das aus der Erfahrung von bewaffneten Auseinandersetzungen und terroristischen Anschlägen weltweit resultiert. Als besonders belastend empfinde ich, dass für die dahinter liegenden Konflikte größtenteils nicht einmal in Ansätzen friedliche politische Lösungen erkennbar sind.

In der Folge des Angriffs auf das World Trade Center in New York, jenem schwarzen »Nine Eleven«, haben sich die internationalen Beziehungen der Menschen und der Völker drastisch verändert: Verschärfte Sicherheitsmaßnahmen bestimmen das globale Zusammenleben und verändern das Lebensgefühl entscheidend; zugleich zieht eine allseitige Atmosphäre des Misstrauens und des Verdachts ein, die den unbefangenen Umgang miteinander vielfach erschwert.

Gleichzeitig drängen diese Fragen der inneren und äußeren Sicherheit und des Kampfs gegen den Terror andere wichtige Themen der Menschheit an den Rand: den Kampf gegen die Seuchen und Pandemien, gegen die Ausbeutung von Frauen und Kindern, gegen die soziale Unterentwicklung und wirtschaftliche Benachteiligung vieler Länder im Vergleich zu den starken Wirtschaftsmächten, gegen die drohende Klimaveränderung, Wasserknappheit und andere Umweltbelastungen.

»In deiner Gnade, Gott, verwandle die Welt« – so lautet das Motto der 9. Vollversammlung des Weltkirchenrates im brasilianischen Porto Alegre. Um *diese* Welt geht es, um einen Neuanfang inmitten all der Wunden, die geschlagen wurden. Ist das alles angesichts der herrschenden Verhältnisse unrealistisch?

Anhand des Epheserbriefes möchte ich deutlich machen, wie Gott uns in seiner Gnade erlöst und befreit und uns in der Nachfolge Jesu Christi zum Engagement für diese Welt befähigt. Und zugleich können die Einsichten, die uns hier vermittelt werden, möglicherweise auch zu einem Fortschritt in den ökumenischen Beziehungen unserer Kirchen helfen.

04 Aber Gott, der reich ist an Barmherzigkeit, hat in seiner
   großen Liebe, mit der er uns geliebt hat,
05 auch uns, die wir tot waren in den Sünden, mit Christus
   lebendig gemacht – aus Gnade seid ihr selig geworden –;
06 und er hat uns mit auferweckt und mit eingesetzt im Himmel
   in Christus Jesus,
07 damit er in den kommenden Zeiten erzeige den überschwänglichen Reichtum seiner Gnade durch seine Güte gegen uns in
   Christus Jesus.
08 Denn aus Gnade seid ihr selig geworden durch Glauben, und
   das nicht aus euch: Gottes Gabe ist es,

09 nicht aus Werken, damit sich nicht jemand rühme.

10 Denn wir sind sein Werk, geschaffen in Christus Jesus zu guten Werken, die Gott zuvor bereitet hat, dass wir darin wandeln sollen.

11 Darum denkt daran, dass ihr, die ihr von Geburt einst Heiden wart und Unbeschnittene genannt wurdet von denen, die äußerlich beschnitten sind,

12 dass ihr zu jener Zeit ohne Christus wart, ausgeschlossen vom Bürgerrecht Israels und Fremde außerhalb des Bundes der Verheißung; daher hattet ihr keine Hoffnung und wart ohne Gott in der Welt.

13 Jetzt aber in Christus Jesus seid ihr, die ihr einst Ferne wart, Nahe geworden durch das Blut Christi.

14 Denn er ist unser Friede, der aus beiden eines gemacht hat und den Zaun abgebrochen hat, der dazwischen war, nämlich die Feindschaft. Durch das Opfer seines Leibes

15 hat er abgetan das Gesetz mit seinen Geboten und Satzungen, damit er in sich selber aus den zweien einen neuen Menschen schaffe und Frieden mache

16 und die beiden versöhne mit Gott in einem Leib durch das Kreuz, indem er die Feindschaft tötete durch sich selbst.

17 Und er ist gekommen und hat im Evangelium Frieden verkündigt euch, die ihr fern wart, und Frieden denen, die nahe waren.

18 Denn durch ihn haben wir alle beide in einem Geist den Zugang zum Vater.

Gleich zu Beginn dieses zentralen Abschnitts im zweiten Kapitel des Epheserbriefs stoßen wir auf eine ausdrücklich christologische Fundierung: Allein viermal wird die Formulierung »in Christus« beziehungsweise »mit Christus« gebraucht. Das hat seinen Grund. An Christus wird sich nach Auffassung des Apostels alles entscheiden, denn wir selbst sind nicht in der Lage, uns aus der Umklammerung durch die Sünde und die widergöttlichen Mächte zu befreien. Unsere Erlösung ist vielmehr freie Entscheidung und freie Tat Gottes. Dafür verbürgt er sich in Tod und Auferstehung Jesu Christi. In dieser bedingungslosen, liebenden Zuwendung zu uns Menschen zeigt er sich uns als der gnädige Gott, zeigt er uns seine »freie Gnade« (These VI der Barmer Theologischen Erklärung von 1934).

Das alles erinnert unmittelbar an Kernaussagen der Reformation, die in Luthers bahnbrechender Erkenntnis von der Rechtfertigung des Sünders gründeten. Schon der Epheserbrief betont an dieser Stelle mit Vehemenz das »sola gratia« und als dessen Entsprechung die vorbehaltlose Annahme des Sünders: »Aus Gnade seid ihr selig geworden durch Glauben, und das nicht aus euch: Gottes Gabe ist es.« (V. 8) Dem menschlichen Unvermögen, sich zu befreien, steht die überwältigende Gnade des alles vermögenden Gottes gegenüber. Er bindet sie unverbrüchlich an Christus, und sie kann nur im Glauben empfangen werden – »nicht durch Werke« (V. 9).

Auf engstem Raum leuchten drei reformatorische Exklusivpartikel (*solus Christus, sola gratia* und *sola fide*) auf, sodass es verwundert, warum diese Passage des Epheserbriefs in den theologischen Auseinandersetzungen der Reformationszeit eigentlich keine größere Rolle spielte. Auch hier hätte Luther eine überzeugende biblische Begründung für seine Rechtfertigungslehre finden können!

Das Ereignis der Erlösung ist freilich nicht auf die individuelle Ebene beschränkt. Sie hat Folgen, die über die einzelne Existenz hinausgehen. Erlösung – nicht nur im Sinne des

Epheserbriefs – ist stets umfassend zu deuten! Somit wendet sich die Christologie zur Ekklesiologie. Denn durch Gottes grenzenlose Gnade werden alle Christen in den Leib Christi hineingerufen (V. 16), in dem niemand mehr für sich allein lebt. Wenn der Apostel von »Frieden« (V. 14 und 17) und »Versöhnung« spricht (V. 16), impliziert dies ein bestimmtes Verständnis von »Kirche«: Wie die Erlösung, so kann auch die Kirche nicht als unser eigenes Werk verstanden werden. Sie ist der eine, ungeteilte Leib unseres Herrn. In ihm schenkt uns Gott Frieden und Versöhnung, in ihm sind die Kirchen nicht getrennt. Wäre es anders, könnten wir in ihr keinen Frieden und keine Versöhnung erfahren.

Erkennbar wird diese universale Dimension der Kirche in der Taufe: Sie ist keine individuelle Handlung, sondern wird von der ganzen christlichen Gemeinde verantwortet und gliedert alle in gleicher Weise in den *einen* Leib Christi. »In Christus« (V. 13) zu sein, beschreibt damit den weiten »Raum« der einen Kirche, in die wir alle gerufen sind und zu der alle freien Zugang haben.

Was heißt das zunächst für unser Verhältnis als unterschiedliche Konfessionen? Die Kirche ist *Folge* der Erlösung, die uns durch Gottes Gnade zuteil wird, nicht deren Voraussetzung. Geradezu mit innerer Sachlogik führt die Lehre von der Rechtfertigung und Erlösung des Einzelnen zur Ekklesiologie, zur Deutung der Kirche als Leib Christi. Das Verbindungsglied ist die Christologie. Für unsere Kirchen bedeutet dies, dass die evangelische Auffassung des Verhältnisses von »Erlösung und Kirche« und die römisch-katholische und orthodoxe Ansicht von »Kirche und Erlösung« auf Dauer nicht entgegengesetzt bleiben müssen. Modellhaft zeigt gerade dieser Abschnitt des Epheserbriefes, wie die verschiedenen Traditionen im Verständnis von Gnade und Kirche miteinander verbunden werden könnten.

Aber die Erlösung durch die freie Gnade Gottes hat eine weitere Konsequenz, die über das Selbstverständnis der Konfessionen und ihr Verhältnis zueinander hinausreicht: »Denn wir sind sein Werk, geschaffen in Christus Jesus zu guten Werken, die Gott zuvor bereitet hat, dass wir darin wandeln sollen« (V. 10), heißt es.

Das betrifft dann auch das öffentliche, prophetische Zeugnis der Kirchen. Indem sie »die Botschaft von der freien Gnade Gottes« ausrichten, wird die erfahrene Erlösung zur praktischen Nächstenliebe und zur konkreten Befreiung aus unmenschlichen Lebensbedingungen. Weil die Erlösung alle umgreift, sehen die Kirchen ihren Ort an der Seite derer, die sich für die Achtung der Menschenwürde und für einen respektvollen Umgang mit Gottes Schöpfung einsetzen.

Das Potenzial, das uns das Evangelium darbietet, ist längst nicht ausgeschöpft. Aus der Rückbesinnung auf die Botschaft von Gottes Gnade kommt die Kraft, den ökumenischen Bemühungen einen neuen Geist einzuhauchen, und erwächst der Mut, sich den Leiden und Nöten der Welt, ihrer Völker und Menschen zu stellen und aus dem Geist Gottes lebensdienliche Perspektiven zu entwickeln. So wird wahr, worum wir bitten: »In deiner Gnade, Gott, verwandle die Welt.«

Nachwort

Gott entdecken: Das klingt einfach. Aber ist es das auch? Natürlich nicht. Schon gar nicht unmittelbar. Gleich zweimal findet sich im Neuen Testament der »johanneische« Vorbehalt: »Niemand hat Gott jemals gesehen« (Joh 1,18; 1. Joh 4,12). Aber Gott zu entdecken, ist gleichwohl möglich. Das jedenfalls ist die Erfahrung unseres Glaubens. Nur gleichen diese Entdeckungen oft eher einer Spurensuche oder sogar einer Schatzsuche. Gott ist da – mitten in unserer Welt. Hier können wir ihm auf die Spur kommen, ihn »aufstöbern«, ihm begegnen: ganz konkret und manchmal unverhofft.

Die Bibel weist uns dabei den Weg. Denn sie ist voll von Erzählungen solcher Entdeckungen und Begegnungen Gottes. Seit geraumer Zeit, so ist es mein Eindruck, sprechen uns die alten Geschichten wieder neu an. Was wir längst zu kennen glaubten oder uns nicht mehr vertraut war, zeigt sich in einem anderen Licht. Biblische Geschichten werden unerhört aktuell, wenn wir sie darauf hin abklopfen, wo und wie Gott in ihnen handelt. Der vermeintliche Staub, der sich auf sie gelegt hat, ist wie weggeblasen. Denn in der Bibel geht es um uns – und es geht zugleich um Gott: also um das Wichtigste, das unser Leben bestimmt.

Die »biblischen Begegnungen«, die in diesem Band versammelt sind, wollen auf Entdeckungsreisen mitnehmen. Sie entstanden im vergangenen Jahrzehnt in unterschiedlichen Zusammenhängen und zu unterschiedlichen Anlässen: mal sind sie in wissenschaftlicher Sprache gehalten und mit Fußnoten versehen, mal setzen sie auf die Wirkung des mündlichen Wortes. Häufig bildeten der ökumenische Kontext oder der interreligiöse Dialog den Rahmen dieser »biblischen Begegnungen«. Dem Gespräch mit Christen anderer Konfession oder Menschen anderer Religion – nicht zuletzt auf den Kirchentagen – verdanke ich für meinen eigenen Umgang mit der Bibel ungemein viel! Und selbst dort, wo man sich religiös »unmusikalisch« wähnt, muss die Bibel ja keineswegs ausgeblendet werden. Im Gegenteil! Ihre Botschaft stößt, wenn wir sie lebensnah zu deuten wissen, auf eine neue Neugier und ein geradezu überraschendes Interesse.

Herzlich sei denen gedankt, die mir bei der Fertigstellung dieser Sammlung geholfen haben: meiner Sekretärin, Frau Susanne Hensel, meinem Persönlichen Referenten, Herrn Pfarrer Dr. Frank Hofmann, und dem Leiter der landeskirchlichen Öffentlichkeitsarbeit, Herrn Pfarrer Roland Kupski. Die Evangelische Kirche von Kurhessen-Waldeck hat die Veröffentlichung durch einen Druckkostenzuschuss ermöglicht. Auch dafür danke ich von Herzen.

Was ich mir wünsche? Dieses Buch hätte seinen Sinn erfüllt, wenn es auf bescheidene Weise dazu beitragen könnte, dass Menschen Gott entdecken – und dadurch froh und frei werden.

Kassel, am Johannistag 2011

Martin Hein

Anlässe

Narrare humanum est – *Psalm 78,2-4*
Rede bei der Verleihung des Kurhessischen Medienpreises in der Alten Brüderkirche am 11. Juli 2003 in Kassel.

Schöpfung – *1. Mose 1,26-2,3*
Bibelarbeit auf dem 1. Ökumenischen Kirchentag am 31. Mai 2003 in Berlin.
Veröffentlicht in: Ihr sollt ein Segen sein. Ökumenischer Kirchentag 28. Mai–1. Juni 2003 in Berlin. Dokumentation, Gütersloh/Kevelaer 2004, 211-219.

Arbeit – *1. Mose 2,4b-15 und 3,17-23*
Bibelarbeit beim Studientag »Handwerk als Chance« am 28. November 1997 in der Evangelischen Akademie Hofgeismar.

Noah – *1. Mose 9,8-19*
Dialog-Bibelarbeit auf dem 2. Ökumenischen Kirchentag am 13. Mai 2010 in München.

Abraham – *1. Mose 12,10-20*
Trialog-Bibelarbeit auf dem 29. Deutschen Evangelischen Kirchentag am 15. Juni 2001 in Frankfurt/Main.

Sonntag – *2. Mose 20,8-11*
»Verlorene Maßstäbe – Doppelschriftauslegung zu ›Das Sabbatgebot und die Sonntagsheiligung‹ (2. Mose 20,8-11)« im Rahmen der Woche der Brüderlichkeit am 9. März 2010 in Kassel.

Das Goldene Kalb – *2. Mose 32,1-14*
Vortrag auf der 6. Jahrestagung der Rudolf-Bultmann-Gesellschaft für Hermeneutische Theologie am 9. März 2004 in der Evangelischen Akademie Hofgeismar.
Veröffentlicht unter dem Titel »Vom ›Goldenen Stierbild‹ und seinen zeitgenössischen Nachfahren. Der Glaube an den biblischen Gott in Auseinandersetzung mit den neuen Göttern«, in: Gott und Götter. Die Gottesfrage in Theologie und Religionswissenschaft, hg. v. Ulrich H. J. Körtner, Neukirchen 2005, 119-129.

Hanna – *1. Samuel 2,1-10*
Biblischer Impuls im Ökumenischen Begegnungszentrum auf dem 95. Katholikentag am 18. Juni 2004 in Ulm.
Veröffentlicht unter dem Titel »Das ›Magnifikat‹ des Alten Testaments« in: Leben aus Gottes Kraft. 95. Deutscher Katholikentag 16.-20. Juni 2004 in Ulm. Dokumentation, Kevelaer 2005, 195-207.

Bildung – *Sprüche 1,1-7*
Bibelarbeit bei der Begegnungstagung von Rat der Evangelischen Kirche in Deutschland und Leitenden Geistlichen zum Thema »Was ist eine gute Schule?« am 24. Januar 2003 in der Evangelischen Akademie Tutzing.

Sturmstillung – *Markus 4,35-41*
Bibelarbeit bei der Begegnungstagung der deutschsprachigen evangelischen Gemeinden in Portugal am 15. Oktober 2010 in Funchal/Madeira.

Zutrauen – *Markus 10,46-52*
Vortrag beim Symposium der Konrad-Adenauer-Stiftung »Klinische Sterbehilfe und Menschenwürde« am 7. Oktober 2002 in Cadenabbia.
Veröffentlicht unter dem Titel »Perspektiven der klinischen Sterbehilfe aus der Sicht eines evangelischen Theologen«, in: Klinische Sterbehilfe und Menschenwürde. Ein deutsch-niederländischer Dialog. Akten des Symposiums vom 5.-8. Oktober 2002 in Cadenabbia, hg. v. Volker Schumpelick, Freiburg/Basel/Wien 2003, 354-362.

Der barmherzige Samariter – *Lukas 10,25-37*
Dialog-Bibelarbeit auf dem 32. Deutschen Evangelischen Kirchentag am 22. Mai 2009 in Bremen.
Veröffentlicht unter dem Titel »… wie dich selbst« in: epd-Dokumentation 33-34/2009, 86-89, und in: Deutscher Evangelischer Kirchentag Bremen 2009. Dokumente, Gütersloh 2010, 82-84.87-89.

Kirchenbilder – *Apostelgeschichte 16,6-10*
Bibelarbeit bei der Mitgliederversammlung des Gnadauer Verbandes am 24. September 2008 in Kassel.

Gnade – *Epheser 2,4-18*

Bibelarbeit beim Treffen des »Assembly Planning Committee« für die 9. Vollversammlung des Ökumenischen Rates der Kirchen am 4. Februar 2004 im Kloster Bose / Italien.

Veröffentlicht unter dem Titel: »God, in Your Grace, Transform the World« – A Biblical Meditation, in: The Ecumenical Review (2004), 308-311.

Angela Rinn
Lebenslinien
Meditationen mit Bildern
von Johannes Schreiter

144 Seiten mit zahlr. Abb., Hardcover
ISBN 978-3-374-02803-0
EUR 14,80 [D]

Die Gedanken von Angela Rinn und die Glaskunst
von Johannes Schreiter treten in einen faszinierenden
Dialog über »Lebenslinien«. Diese verlaufen nie gerade,
oft zeichnen sie sich durch Krümmungen, Brüche und
erstaunliche Wendungen aus. Als poetischer Kontra-
punkt findet sich zu jeder Meditation ein Gedicht
von Goethe, Eichendorff, Rilke oder anderen. Daraus
entsteht ein Geschenkbuch für alle, die sich von der
Kunst des Lebens berühren lassen. Ein Begleiter für
Menschen, die auf dem Weg sind.

EVANGELISCHE VERLAGSANSTALT
Leipzig

www.eva-leipzig.de

Hans-Hermann Pompe/
Thomas Schlegel (Hrsg.)

MitMenschen gewinnen

Wegmarken für Mission
in der Region

Kirche im Aufbruch, Band 2

176 Seiten, Paperback
ISBN 978-3-374-02800-9
EUR 14,80 [D]

Mission in der Region ist in der evangelischen Kirche
und Theologie eine bisher kaum ausgelotete Option. Wo
Kirche beginnt in Nachbarschaften, Quartieren oder
Regionen zu denken, können neue Zielgruppen für das
Evangelium erreicht werden: Kooperation, Ergänzung
und Beschränkung sind Schlüsselaufgaben für eine
kleiner und ärmer werdende Kirche, die ihre Mission
ernst nimmt. Die Mitarbeitenden des EKD-Zentrums
»Mission in der Region« legen hierzu eine grundlegende Orientierung vor.

EVANGELISCHE VERLAGSANSTALT
Leipzig

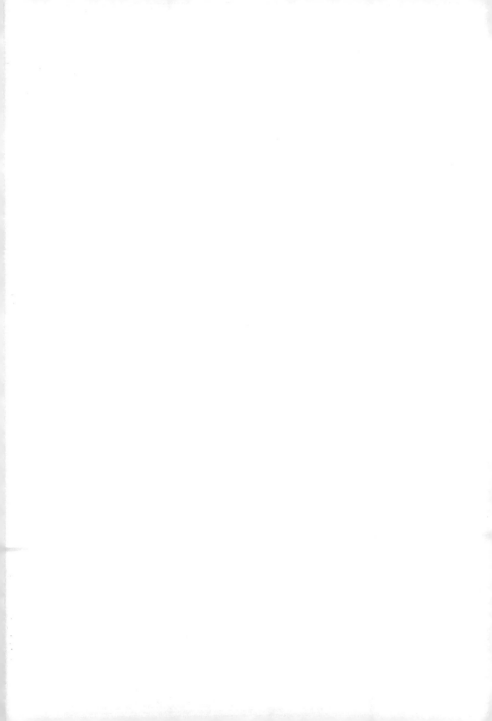